문예신서
2014

헤어지기 싫어요!

아이가 삶에서 겪는 온갖 이별들

니콜 파브르

궁나리 옮김

東文選

헤어지기 싫어요!

Nicole Fabre
J'aime pas me séparer

© Éditions Albin Michel S.A., 2002

나는 이 책을 내가 너무나 사랑했던 이들에게, 하지만 죽음으로 인해 이제 더 이상 내 곁에 없는 이들에게 바치고 싶다. 그들은 나와 함께 한때를 보냈었지만, 이젠 결코 그들 곁에 내가 있을 수 없다.

나는 이 책을 내 삶의 동반자인 장과 내 아이들에게 바치고 싶다. 그들에 의해서, 또한 그들을 위해서 나는 헤어짐으로 인해 생기는 긍정적인 거리가 고통스럽긴 하나, 때로는 풍요로움으로 다가올 수 있음을 배웠다. 각기 다른 선명한 색깔의 실들이 뒤섞여서 섬세하고 아름다운 하나의 직물을 이루듯이, 나는 내가 사랑하는 모든 이들과 함께 매일매일 태어나고, 또 새로 태어난다. 그들 모두에게 감사의 마음을 전한다.

* 일러두기: 이 책에 나오는 나이는 모두 만 나이이다. [역주]

차 례

머리말

　아주 오래 전부터 나는 이별에 관한 책을 쓰려고 생각해 왔다. 그것은 아마도 내가 겪은 이별과 관계되는 경험들 때문일 것이고, 혹은 많은 것들과의 헤어짐을 경험하면서 내가 느꼈던 감수성 때문일 것이다. 그러한 감수성이 바로 그 사람을 결정짓기도 하기에. 하지만 삶에서 겪는 이별들은 단순히 헤어지는 상황 이상의 구체적인 어떤 면모들을 지니고 있음을 지적하고 싶다.

　우리의 아이들은 생의 첫날부터 이별을 경험한다. 우리 자신이 어머니의 몸으로부터 떨어져 나왔듯이, 우리의 아이들도 똑같은 이탈을 겪는다. 모든 어머니들은 이러한 최초의 이별을 위해 온 힘을 다해 노력하지 않는가? 최초의 이별에 흔히 뒤따라오는 우울증과 허전함에도 불구하고 말이다. 아이가 새로운 한 발을 내딛을 때마다, 혼자 무언가를 하고, 혼자 어떤 결심을 할 때, 우리가 느끼는 것은 멀어짐과 소원함이 아닐까? 하지만 아이에게 자율성을 금지시키고, 어른에게 의지하게 만드는 것은 아이로 하여금 자신의 정체성을 찾지 못하게 방해하는 것이거나, 혹은 자아정체성을 상실하게 만드는 일이다. 우리의 삶에는 어쩔 수 없이 강요되는 이별이 부르는 비극이 많이 일어난다. 우리는 사랑하는 부모와의 이별이 얼마나 아이들에게 상처를 주는지 알고 있다. 가정이라는 둥지의 파괴와 이유도 모른 채 겪게 되는 사랑하는 존재의 부재로 인해 우리 아이들은 수도 없이 고통받고 있다. 사랑하는 사람의 죽음, 혹은 아끼던 애완동물의 죽음은 아이를 참을 수 없는 슬픔에 빠지게 만든다. 또한 정든 집을 떠나 이사를 한다거나, 기숙학교로 떠나야 하는 일 등, 모든 멀어짐은 아이에게 견딜 수 없는 고통으로 다가온다.

그것이 고통인 것을 우리는 이미 알고 있다.

하지만 우리 아이들이 겪는 그러한 순간들이 갖는 진정한 가치에 대해 다시 한번 생각해 보고, 보다 섬세하게 고려해 볼 필요가 있는 것은 아닐까? 또한 우리 자신의 고통과 저항, 우리 자신의 내면에서 일어나는 방어 태세 등에 대해 더 잘 알고 이해해야 할 필요가 있지는 않을까? 우리 자신이 느끼는 공포나 슬픔, 기쁨, 혹은 희망과 절망들을 되새겨 보는 것은 우리의 아이들이 그들의 삶 속에서 겪을, 혹은 이미 겪었을지 모르는 상처와 삶의 고난을 이해하게 해줄 것이다.

아이들이 겪는 일들을 아무것도 아닌 것으로 치부하지 말 것. 마찬가지로 그것들을 지나치게 과장하지 말 것. 대신 있는 그대로 받아들일 것. 그러기 위해 지나온 우리 자신의 방황과 깨달음에 대해 다시 한번 자문해 볼 것. 그러면 우리는 어른이고, 스스로 어른이라고 믿는 우리들의 과거가 눈물과 반항과 때론 환희로 장식되었음을 상기하게 될 것이다.

나는 헤어짐의 문제를 우리 자신이 옛날과 오늘날에 경험한 대로, 또한 우리 아이들이 느끼는 방식에 입각하여 다루려고 한다. 그 속에는 우리 삶을 황폐화시키고, 고통을 주며, 피 흘리게 만드는 이별들뿐만 아니라, 우리 개개인의 고유한 정체성 정립에 도움이 되는 없어서는 안 되는 이별들 또한 포함되어 있음을 알게 될 것이다.

이사한 이후로 시작되었어요

 내 환자로 온 아이들이 자신의 문제를 이야기하는 도중에, 혹은 그들의 부모들이 자식들의 문제가 시작된 시점을 회상하며 말할 때, 종종 나의 주목을 끄는 문장이 있다. 그것은 바로 "이사를 한 이후에 바로 시작되었어요"이다. 이 지적은 한 장소에서 다른 장소로의 이동이 인생에 있어서 우리가 생각했던 것보다 훨씬 더 막대한 영향을 미치는 중대한 사건임을 일깨워 주고 있는 것 같았다. 그것은 환경의 변화, 주변 사람들과 친구들의 변화, 혹은 자기 자신의 변화가 일어나기 때문 아닐까?

 어찌 되었건, 이사는 아이에게 있어서 비극적인 사건으로 기록되고 있음이 사실이다. 현재 아이가 겪고 있는 문제점의 묵은 원인이며, 대부분의 경우에 이사를 기점으로 모든 병적인 증세가 시작된다. 환자 자신이 자신의 병적 증상들을 더듬어 보는 도중 스스로 깨닫게 되는 경우도 허다하다. "그렇습니다……. 이사를 하면서 제가 다른 사람들과의 관계를 하나하나 끊기 시작했어요."

 여기에서 나는 이사라는 것이 다른 이별들이 갖는 의미와 유사한 하나의 기호일까라는 의문이 생겼다. 즉 중요한 의미를 갖는 장소에서 다른 새로운 장소로 이동하는 일이 다른 모든 이별들을 대표하는 기호이자 상징이 되는 것일까? 우리 모두는 그런 상황에 닥치게 되면, 원래 있던 한 장소를 떠나 다른 장소에서 정착하고, 적응하기 위해 애쓰는 것이 당연하다. 새로운 것에 정을 붙이지 않기 위해 억지로 노력하지 않는 이상 말이다.

"부모님은 변화를 원하셨어요. 이사를 하면서 넓은 제 방이 생겼으니까 더 잘된 일일 수도 있어요. 하지만 전, 옛날의 그 작은 제 방이 더 나았다고 생각해요. 그때는 방을 어질러 놓아도 아무렇지 않았거든요. 하지만 이제 모든 것이 끝났어요. 벌써 이사를 해버린 걸요. 그래서 제 동생은 자기만의 방이 생겼고요. 하지만 전 여전히 그때 그 작은 방이 더 좋아요……." 그렇다면 우리는, 아이가 아쉬워하는 것에 한방에서 같이 놀던 동생의 존재도 포함시켜야 하는 걸까? 더불어 작은 공간에서 부모와 다함께 부대끼던 그 복작거림까지도?

나는 내 큰딸아이에 대해 다시금 생각해 보게 되었다. 큰아이는 우리가 그토록 기다리던 둘째딸아이의 출생에 즈음하여 이사를 했을 때, 다섯 살이 채 되지 않았었다. 우리가 이사 전에 살았던 작은 아파트는 우리 삶에서 이미 지나간 과거이다. 편안함이나 편리성과는 거리가 멀었던 방 두 개짜리 그 아파트에서 우리는 말 그대로 '거리감 없이' 살았었다. 큰딸애는 대부분 그때까지 학생이었던 우리 부부의 친구들이 올 때마다 칸막이 하나를 사이에 두고 자신의 방을 나눠 주는 희생을 했어야 했다. 이사 후에 큰애는 아기 동생과 방을 같이 쓰게 되었고, 얼마 후에는 마찬가지로 기쁨으로 맞은 셋째딸아이와 함께 방을 쓰게 되었다. 그런데 큰애의 표현대로 '잊어버리지 않기 위해,' 반복해서 아이가 그리곤 하던 옛날 집의 그림은 어떤 의미로 해석되어야 할까? 큰애는 매우 일찍 글을 깨우쳐서, 여섯 살 경부터 글자가 많은 책들을 읽기 시작했다. 특히 안네 프랑크의 《일기》와 그 책에 나오는 안네가 그린 다락방의 그림을 인상 깊게 여겼었다. "바로 이 책 때문에 제가 르드뤼(옛날 우리 집의 애칭)를 그려 볼 생각을 하게 된 거예요. 전 옛날 집을 잊어버리고 싶지 않아요."

무엇이 그 아이에게 그토록 소중하게 느껴진 것일까? 무엇을 그렇게 잊어버리고 싶지 않은 것일까? 작은 서랍장과 침대가 있던 칸막이 뒤쪽의 그 아담하고 조용한 공간, 아이의 어린 시절 꿈들이 고스란히 어려 있던 그 공간 때문일까? 유일한 아이로서(아직 동생들이 태어나기 전이었으므로) 부모와 밀접한 관계를 맺으며 사랑받던 기억 때문에? 혹은 아직 아이가 없던 우리 친구들의 잦은 방문으로 젊은 활기와 명랑함이 가득했던 그 시절의 분위기가 그리워서? 혹은 나중에 자신이 커서 가정을 꾸리게 되었을 때, 그런 분위기의 집을 만들겠다는 소망 때문에 그런 건지도 모르겠다.

르드뤼 그림을 반복해서 그리는 큰애와 새로 생긴 큰 방이 마음에 들지 않는다고 하는 앞에서 말한 아이의 경우가 상호적으로 설명이 되는 것 같았다. 나는 큰아이와 둘째아이를 보면서, 그 애들이 동생을 가지지 않았을 때의 시절, 즉 자신이 유일한 자식, 혹은 막내였던 때에서 빠져나오는 것을 힘들어 했음을 기억하곤 한다. 위의 두 아이들에 의해서 우리 부부는 부모라는 정체성을 부여받게 되었고, 실제로 부모가 되었다. 그들에 의해서 우리 부부는 새로운 정체성에 익숙해지는 연습 기간을 가질 수 있었고, 많은 실수도 했지만, 동시에 감동도 느꼈다. 작은 아파트를 떠나는 것, 더 큰 방을 위해 작은 방을 떠난다는 것은, 그것이 한 존재의 위상과 관련된 중대한 사건일 경우, 아이에게 있어서 단순히 기쁨으로만 여겨질 수 없다는 것을 알아야 한다.

하지만 여기에서 모든 악의 근원처럼 여겨지는 이사라는 사건이 언제나 동생을 보는 일과 연관되어 일어나지는 않는다는 점에 주목해야 한다.

얀의 부모는 얀이 "결코 만족해하지 않는다"며 불만을 털어놓았다. 그리고는 아들에 대한 불평을 하나하나 꼬집어 말했는데, 그 모든 것들은 주로 이동에서 야기된 것이었고, 얀은 다른 장소로 이동하는 것을 좋아하지 않는 아이였다. "휴가라도 떠날라 하면, 얀은 자신의 물건들을 이것저것 챙기면서, 계속해서 불평을 늘어놓습니다. 너무 멀어서 가는 데 시간이 오래 걸릴 거다, 혹은 거기 가면 아는 사람도 하나도 없는데, 등등 말이죠. 어쨌든 일단 가서는 그럭저럭 시간을 잘 보냅니다. 하지만 할아버지 댁에 갈 일이 생기면 똑같은 상황이 또 반복되곤 하죠. 일단 도착하고 나면 괜찮아지긴 합니다만……."

매년 휴가 때마다, 휴가를 보내는 새로운 거처에서 얀이 느끼게 되는 작은 비극을 나는 이해한다. 얀은 떠나기를 싫어하는 것이 분명하다. 떠난다는 것이 그 아이를 괴롭히는 것이다. 아이는 자신이 떠나오는 그 익숙한 장소에 다시 돌아오지 못하게 될 것을 두려워하는 것이다. 자신이 자리잡고 있던 가지 위에서 떨어져 나와 허공 속에 내던져지는 느낌을 받는 것이다.

얀은 자주 장소 이동을 하는 아기였을 가능성이 많다. 어쩌면 출생 당시 얀이 특정한 어려움을 겪었을 수도 있다. 개인적인 사정들을 조사하다 보면, 언제나 어떤 결정적인 요인을 발견하게 되는데,

그러한 요인이 없었더라면 그 사람의 인생은 다른 모습으로 흘러갔을 것임이 분명하다. 어떤 이에게는 아무런 영향을 주지 못하는 요인이 또 다른 이에게는 나약함의 순간을 파고드는 커다란 균열로 자리잡을 수 있다. 처음엔 그것을 인식하지 못하지만, 그러한 요인은 계속해서 그 사람의 삶을 따라다니고, 언젠가는 그 모습을 만천하에 드러내는 것이다.

나는 차마 떠나지 못해서 자신의 방 안을 빙빙 돌며 서성이는 얀의 모습이 눈에 선하다. 보지 못할 집을 아쉬워하며, 집 안에서 길을 잃은 듯 방황하는 소년의 모습이……. 그 몇 주간의 부재가 소년에게는 영원처럼, 빠져나올 수 없는 심연처럼 느껴질 것이다. 내가 옛날 집을 떠날 때를 생각해 본다. 가장 최근에 그 집에서 나왔을 때를 상기해 본다. 그 순간 이후로 나는 계속 집으로 돌아가는 생각만 하고 있다.

덧창은 닫혀 있고, 이제 반쯤 어둠 속에 잠긴 집 안을 한 바퀴 휘둘러본다. 그 옛날 어린 소녀였던 내가 언제나 방 안의 오래된 벽난로 위에 올려두었던 인형에게 눈길을 준다. 모든 것이 제자리에 있다. 집은 우리가 다시 돌아오기를 기다린다. 나는 쿠션을 토닥이고, 팔걸이가 있는 의자의 위치를 바꿔 보기도 한다. 이제 난 이곳을 떠나야 한다.

열쇠 구멍에 열쇠를 넣고 돌린다. 갑자기 슬픔이 목을 죄어 온다. 나는 이 방 저 방을 돌아다니며 그 슬픔이 나를 짓누르지 못하도록 맞서 싸웠다. 마을을 벗어나 길을 떠나자마자, 내 정신은 곧 내가 가야할 곳, 내가 사랑하는 가족과 일터, 친구들, 성인으로서 내가 일구어 온 생활의 터전을 향해 간다. 하지만 어쨌든, 그리모(내가 살았던 옛날 집의 애칭)와의 헤어짐은 내겐 언제나 힘이 든다. 그곳은 내 어머니와 내 언니가 태어난 곳이고, 내 조부모가 살았던 곳이며, 이미 고인이 되신 내 조부모의 조상들이 살았었던 곳이기도 하다. 또한 내 아버지를 가족으로 받아들이고, 사랑해 주었던 집이며, 내가 어린 아이였을 때, 내가 행복한 처녀였을 때 활기 넘치는 젊은 엄마가 되었을 때, 그 모든 때를 말없이 지켜봐 주었던 곳이기도 하다. 물론 고통도, 죽음도, 슬픔도 있었지만, 또다시 찾아오는 새로운 기쁨과 예기치 못한 만남들을 안겨다 준 곳이기도 하다.

그렇다. 내가 이 집을 떠나는 것은 내가 사랑했던 모든 것들과 다시금 이별하는 것이기에, 가족과 연관된 모든 추억들을 두고 나오는 것이기에, 그토록 슬픔에 사로잡히게 되는 것이다.

얀의 인생은 내것에 비교하면 짧지만, 순간순간 느끼는 인상의 강렬함은 동일하지 않을까? 모든 경험은, 비록 그것이 미성숙한 것일지라도, 보다 복잡하고 성숙한 삶에서 일어나는 경험과 본질적으로 같은 것이 아닐까?

고백하건대, 내가 어떤 장소를 떠나면서 심적으로 쓰라림을 느끼는 곳은 비단 그리모뿐만이 아니다. 나는 원래 헤어지는 것을 싫어한다. 나는 어딘가로 떠나는 것도 싫다. 내가 떠나는 장소에 곧 다시 돌아올 것임을 알면서도, 내가 보내는 사람을 곧 다시 만날 수 있음을 알면서도 나는 언제나 헤어짐이 싫다.

그리 놀랄 일도 아니다. 나의 어린 시절은 어쩔 수 없는 이별들로 점철되어 있었다. 아버지의 직업상 우리는 아주 먼 곳까지 이주했어야 했고, 그런 상황을 즐거워하셨던 어머니와는 달리, 내게는 절망의 연속이었다.

함은 아직 기대하기엔 일렀다.

따라서 나는 내 나름대로의 방식으로 위안을 찾을 수밖에 없었다. 얌전했던 나는 겉으로 드러나게 반항을 하진 않았다. 대신 나는 내가 가는 곳마다 내가 만든 상상의 세계와 함께 동행하였다. 다행히 나는 내 멋대로 상상하고 꿈꿀 수 있는 자유가 있었다. 나만의 놀이동산과 나만의 영원한 친구들을 항상 데리고 다녔다. 내 마음대로 이름과 역할을 붙인 인형들이 바로 내 친구들이었다. 내 어린 시절의 여정을 늘 함께했던 그 인형들이 내 삶의 연속성을 유지시켜 주었다. 그 점에 관해서 내 부모님의 현명함에 감사드리고 싶다. 두 분은 가방이 다른 짐들로 항상 불룩했음에도 불구하고, 내 인형들을 위해 기꺼이 공간을 마련해 주셨다.

나의 상상과 어린 시절의 경험 덕분에, 아이에게 있어서 이별(짧은 기간 동안의 이사라 할지라도 마찬가지이다)이 주는 비극적인 파급 효과를 충분히 이해할 수 있었고, 나는 얀의 친구가 될 수 있었다. 얀이 집을 떠나기 전 방을 빙빙 돌며 혼자 중얼거리곤 했음직한 말들을 나는 얀에게 해주었다. 기껏해야 몇 주간 떠나 있을 뿐이지만, 그것들을 떠나면서 얀이 느꼈을 두려움에 대해서 이야기했다. 나는 사람들이 어딘가로 떠날 때, 가지고 갈 수 있는 어떤 것들을 갖고 간다는 것을 얀에게 말해 주었다. 즉 추억이나 이미지, 꿈같은 것들을. 그러한 것들은 자신 이외의 그 누구도 소유할 수 없는 것이며, 아무도 빼앗아 갈 수 없는 것임을 일깨워 주었다. 그러는 동안 얀은 그림을 끄적이고 있었는데, 그 그림에는 갈라진 땅을 사이에 두고 알아보기 힘든 형체의 장난감 같은 것을 손에 쥐고 있는 소년이 서 있었다. "이 아이는 반대편으로 넘어가고 싶은 것 같은데…… 그런데 「

어넘기가 무서운가 보다"라고 내가 말했다.

얀은 내 말에 동의했다.

"어떻게 해야 할지를 고민하고 있나 봐." 내가 말했다.

"만약 뛰어넘으면, 갈라진 틈 사이로 떨어질 거예요. 결코 다시 올라오지 못할 거예요."

잠시 동안 침묵이 흘렀다.

그리곤 얀이 다시 말했다. 형체가 불분명한 손에 든 장난감을 가리키면서. "그러면 트럭은 아이와 같이 떨어져서 부서져 버릴 거예요."

"그래서 계속 빙빙 돌면서 어떻게 해야 할지를 고민하고 있는 거구나. 용기가 없어서 말야……." 내가 말했다.

얀은 오랫동안 말이 없었다. 그러다가 다른 종이를 한 장 꺼내더니 길을 그리고, 길 위에 작은 트럭을 한 대 그려 넣었다. 그런 뒤, 여행하기 좋아하는 빨간 트럭 이야기를 하기 시작했다. 마치 조금 전까지 그를 죄어 오던 불안감을 말끔히 잊어버린 듯 보였다. 그는 일시적이나마 자신의 두려움을 망각하고 극복하기 위한 수단, 그것을 아예 없애 버리기 위한 수단을 찾은 것이다. 그 자신이 여행을 좋아하는 작은 트럭이 된 것이다.

그렇다고 소년의 문제가 다 해결된 것이라 믿는다면 순진한 것이다. 떠남이 있을 때마다 소년을 지속적으로 괴롭히던 불안감이 서서히 사라지기 위해서는 매우 오랜 시간이 필요할 것이다. 하지만 언젠가는 '아무런 상상의 이야기를 준비하지 않고도' 할머니 댁에, 혹은 휴가지로 떠날 수 있음을 깨닫게 될 것이다. "거의 울음이 나올 뻔 했지만, 곧 이런 생각이 들었어요. '이 바보야! 곧 돌아올 건데 뭘 그러니?'"

얀은 집을 떠나 멀리서 밤을 보낼 때 서글퍼지는 마음에 대해서도 얘기했다. 그는 자기 집과 장난감들을 다시 볼 수 있을지가 의문스러웠다고 했다. "이젠 선생님이 내게 해준 말들을 생각해요. 그런 것들은 이미 제 머릿속에 다 그려져 있거든요. 그리고 어쨌든 지진 같은 게 일어나지 않는 이상 괜찮을 거예요……."

일어나기 힘든 지진 같은 자연재해에 대해 언급한다는 것은, 그만큼 아이가 자신의 세계가 무너져서 없어질지도 모른다는 막연한 불안감을 갖고 있음을 의미한다. 하지만 얀은 다행스럽게도, 자신의 세계에 대한 변하지 않는 이미지를 나름대로 구축하고 있음으로써 그것을 극복할 수 있게 되었다. 나는 얀이 과거 어느 때에, 세상의 무너짐에 견줄 만한 외상을 입은 사건을 겪은 적이 있으나 그것을 잊어버렸고, 이후로 그런 것에 대한 두려움이 계속해서 얀의 마음에 내재해 있는 것이 아닌가 생각한다. D.W. 위니코트가 언급했듯이[1] 아기에게 있어서 엄마의 부재는, 단지 두 시간밖에 되지 않는 부재임에도 불구하고 자신의 무력함을 실감하는 동시에, 참을 수 없는 단절과 버려짐을 느끼는 시간이 된다는 것이다. 그러한 단절을 경험한 이후엔 그 어떤 것도 이전과 똑같이 느껴지지 않는다고 한다.

롤라라는 꼬마 소녀는 집을 떠나기 싫어하는 똑같은 증세를 갖고 있었다. 친구 집에 놀러 가서 하룻밤 자고 오는 것도 할 수가 없었다. 롤라는 자기가 겪은 일을 말해 주었다. "엄마, 아빠가 이사하는 동안 나를 할머니 댁에 맡겨 놓았어요. 내가 돌아왔을 땐, 그전과 같

---

1) D. W. Winnicott, 《유희와 현실 Jeu et réalité》, 영어에서 프랑스어로 번역한 책. 역자는 C. Monod & J.-B. Pontalis, Paris, Gallimard. 1975.

은 것은 한 가지도 없었어요. 모조리 없어졌다구요!" 롤라의 어머니는 롤라의 장난감 대부분을 이사하는 집으로 가져갔노라고 증언했다. "맞아요. 하지만 다는 아니었잖아요!"라며 롤라는 울부짖었다. 롤라의 어머니가 이제 다시는 새로 이사 간 집에서 떠나는 일은 없을 거라고 아이를 달래 보았지만 소용이 없었다. 롤라는 머리를 설레설레 흔들며 말했다. "그건 모르는 일 아니예요?" 나는 웃으며 말했다. "설마 하룻밤 새 어떻게 되겠니?"

하지만 롤라는 확신했다. 사실 롤라 말이 맞다. 부모들은 얼마든지 그런 일을 할 수 있으니 말이다. 문제는 롤라에게 사전에 충분히 설명해 주지 않았던 것이었다. 롤라의 어머니는 동의하지 않았다. "할머니 댁에 데려다 놓기 전에 너에게 이사를 간다고 말해 주지 않았었니?" 롤라는 자기 생각을 굽히지 않았다. "네, 그랬어요. 하지만 어떤 일이 있을 것인지 상세하게 말해 주지는 않았잖아요."

사실이 그랬다. 그 누구도 롤라에게 말해 줄 수 없었던 것은, 아이의 어린 시절이 고스란히 담긴 공간의 붕괴에 대해서였을 것이다. 이것은 그 어떤 합리적인 설명으로도 받아들여질 수 없는 문제이므로. 아이가 아쉬워하는 것은 자신이 살던 공간에 대한 것이지, 주변 사람이 문제는 아니었던 것이다. 아이가 부모에게 느낀 배신감이 사라지기 위해서는 꽤 오랜 시간이 필요했다. 자신의 앞에 펼쳐져 있는, 새로운 현실 앞에 선명하게 놓여 있는 뛰어넘어야 할 넓은 미래가 있음을 깨닫게 되기까지의 시간, 꼭 그 시간만큼 롤라는 고통스러워했다. 그 미래의 공간은 롤라만이 의미를 찾아낼 수 있으며, 그 속으로 들어가는 열쇠 또한 롤라만이 가지고 있는 것이다. 부모님은 그것을 대신 해줄 수 없다.

"롤라야, 어른들이 알 수 없는 것을 네 스스로 알게 되는 날이 온다는 것은 얼마나 멋진 일이니! 롤라 너는 다른 사람들은 이해할 수 없는 일들이 일어나는 너만의 비밀 정원을 갖고 있잖니! 어떤 때는 귀찮기도 하겠지만, 그곳으로 들어가는 열쇠를 갖고 있는 사람은 바로 너란 걸 기억해."

롤라의 원망은 이제 사라졌다. 부모에 대한 신뢰도 회복되었다. 롤라는 이제 더 이상 집이 무너질 것에 대해 걱정하지 않고, 부모님의 강제에 대해서도 걱정하지 않는다. 위기는 극복되었다.

나는 찾고, 또 찾아요…

　사람들은 마을 한켠에 있는 그 집을 떠났다. 휴가는 끝났다. 마을에 사는 주인 없는 고양이 모모는 닫힌 문 주변을 배회한다. 그 누구의 고양이도 아닌 모모는 완전히 자유로우며, 마음대로 주인을 고를 수 있다. 매년 여름마다 그 집의 문이 다시 열리면, 모모는 거기에 나타난다. 낯익은 쿠션 위로 올라가 사람들이 쓰다듬어 주는 것을 즐기며 야옹거린다. 사람들이 주는 약간의 먹이로 배고픔을 가시게 하고, 몇 시간을 행복하게 보낸다. 그런 뒤, 저녁이 오기까지 바깥을 어슬렁거리며 돌아다닌다.

　오늘도 내가 그 빈 집의 문을 열면, 모모는 뛰어 들어온다. 모모는 나를 향해 코를 킁킁거리고, 집 안으로 들어가서 소파 여기저기를 뛰어다닌다. 아마도 자신의 체취를 찾아내려는 듯, 혹은 그 전에 머물렀던 사람들의 흔적을 되새기려는 듯 보인다. 자신이 쓰던 쿠션 옆에서 어정거리더니, 곧 나에게로 와서 내가 주는 먹이를 핥아 본다. 하지만 곧 먹기를 그만두고 우아하게, 마치 자기 집에서 나가듯 자연스레 밖으로 나간다. 이런 장면은 아마도 내가 빈 집에 들어설 때마다 비슷하게 연출될 것이다. 모모가 좋아하는 것은 내가 아니라 그 장소이다. 집이 모모를 끌어들이지만, 그것이 완전해 보이지는 않는다. 마치 어떤 추억을 더듬으며 무언가를 찾는 듯하다. 모모가 훑고 지나간 물건들은 자신이 선택한 주인들의 부재만을 되새겨줄 뿐인 듯 보인다.

나는 한 여자아이의 어머니를 만났을 때 이 장면을 떠올리지 않을 수 없었다. 그 아이는 자신을 돌봐 주던 유모와의 헤어짐을 슬퍼하고 있었다. 젊은 처녀였던 그 유모는 2년 동안 아이의 가족과 함께 살았었고, 카롤(아이의 이름)의 방 바로 옆에 그녀의 방이 있었다. 그녀는 자신의 언어로 카롤에게 노래를 불러주었고, 단조로운 가락의 노래들이었지만 카롤의 어머니는 생소한 언어로 된 그 노래를 따라 할 수 없었다. 그녀는 손재주가 많아서 헝겊으로 예쁜 인형들을 만들어 주기도 했다. 또한 그녀는 색색으로 된 스카프를 늘 두르고 다녔는데, 카롤은 그 스카프를 휘감고 있기를 좋아했다. 그녀가 카롤에게 준 초록색 비단 손수건을 아이는 항상 가지고 다녔다. 얼마 뒤 그녀는 결혼을 위해 멀리 떠나게 되었는데, 2년 몇 개월밖에 되지 않은 아이는 그녀의 부재로 인한 이상 증세를 보이기 시작했다. 카롤은 종종 방 안을 네 발로 기어다니며 무언가를 찾는 듯했다. 한번은 어머니의 비단 스카프를 발견하고는 그것의 냄새를 맡고, 코에 부벼대며 만지작거리다가 곧 내던져 버렸다. 마치 쓸모없는 것인 양. 카롤의 어머니는 아이에게 노래를 불러주었다. 카롤은 한동안 귀기울이며 듣다가 곧, "그게 아니야"라고 말했다. 카롤의 부모는 유모를 생각나게 해줄 먼 섬나라의 노래가 녹음된 카세트 테이프를 구해다가 틀어 줘야 할지, 아니면 카롤이 아예 그녀를 잊어버리도록 도와주어야 할지 알 수가 없었다. 아이에게 여러 가지 색이 뒤섞인 스카프를 구해 줘야만 하는 걸까? 하지만 그것에서 가버린 젊은 유모의 향기가 나지는 않을 것이다. 따라서 카롤은 계속해서 무언가를 찾아다니는 행동과 그리움의 동작을 멈추지 않을 것이다……

카롤을 그냥 내버려두지 않는다면, 무엇을 어떻게 해야 할까? 차차 카롤이 자신이 애착을 가졌던 그녀가 더 이상 여기에 없다는 것을 알아차리고, 또한 앞으로도 계속 없을 것임을 인정하도록 내버려두어야 할까? 그녀가 이제는 먼 곳에 있지만, 틀림없이 카롤을 그리워하고 있을 거라고 말해 줘야만 할까? 그녀의 추억 속에서 사랑하는 작은 애완고양이였던 카롤은 조금씩 달리 사는 법을 배워가게 될 것이다.

마침내 나는 카롤을 상담실에서 몇 차례에 걸쳐 만나게 되었다. 카롤은 헝겊 인형에게 자기 방식대로 노래를 불러주면서 인형을 부드럽게 흔들고 있었다. 카롤은 자신을 위해, 그리고 나를 위해 사랑하는 유모와의 추억을 재연해서 보여주고 있었다. 우리는 그 추억에 대해 조심스레 대화를 나누었다. 아니 오히려 내가 유모의 품에 볼을 감싸인 채 안겨 있던 그 아기에 대해 말했다는 것이 더 정확할 것이다. 하지만 카롤은 그녀 어머니에게도 분명 소중한 아기였다. 카롤은 지금 그녀 곁에 있는 어머니와 아버지에게 소중한 아기였다. 카롤은 2년 동안 유모와 함께했지만, 그녀는 이제 더 이상 카롤 곁에 없고, 다시 돌아오지도 않을 것이다. 그녀는 이제 너무 멀리 떨어진 곳에 살고 있다. 어린 소녀들은 한때 유모와 함께했었던 기억을 가지고 있지만, 나중에는 유모 없이도 별탈 없이 잘 성장하게 될 것이다.

사태는 진정되어 갔다. 카롤은 이제 더 이상 유모의 흔적을 찾으러 집 안을 돌아다니지 않는다.

파트릭은 더 큰 고통을 겪고 있었다. 카롤보다는 좀더 나이가 많은 열 살의 남자아이였다. 파트릭이 이야기를 지어내어 자신의 공상에 대해 말할 때면 거기에는 항상 사람과 동물, 즉 무언가를 찾고 있는 주인공이 등장하였다. 그 주인공은 숲 속을 헤매 다니면서 어떤 물건이나 흔적, 표식을 찾아내려 애썼다. 마찬가지로 파트릭도 항상 무언가를 찾아다녔는데, 무엇을 찾고 있는지는 잘 설명하지 못하였다. "저도 잘 모르겠어요. 제가 무엇을 찾고 있는지" 무언가 잃어버린 것을 찾고 있었지만, "그게 뭔지는 잘 모르겠어요." 어느 날 그는 어머니의 서랍에서 편지 한 통을 발견한다. "나한테 온 편지는 아니었어요." 그러면서 파트릭은 조금씩 털어놓기 시작하였다 "내가 없을 때 집에서 어떤 일이 일어나는 것만 같아요. 그래서 금요일 저녁 제가 집에 돌아왔을 때, 왠지 모를 두려움이 느껴지고, 무언가를 찾아 헤매게 돼요." 하지만 그가 기숙사에서 돌아왔을 때 집 안에서 변한 것이라곤 없었다. 아버지도, 어머니도 그 자리에 그대로 계셨다. ──"하지만 어느 날엔가 그 둘 중 한 명이 그 자리에서 사라지는 날이 올지도 모르잖아요?"

카롤이 찾아다닌 것은 유모가 있었던 때의 기억을 되살려 줄 유모의 물건, 즉 추억의 물건이었다. 파트릭이 찾아다닌 것은 표식을 지닌 물건이었다. 즉 부모님이 헤어지지 않을 것임을 증명하는 물건, 혹은 부모님의 이혼이 임박했음을 알려 주는 물건, 혹은 그가 없을 때 발생했지만, 주말에 돌아옴으로 해서 감쪽같이 사라져 버린 이별의 징조 같은 것이었다 "나는 찾고, 또 찾아요……." 그는 말할 것이다. "나는 부모님의 삶에서 내가 이해하지 못하는 것들의 의미를 알고 싶어요. 나는 내 부모님의 현재를 알고 싶고, 내가 알지 못하는 부모님의 과거를 찾고 있어요." 그렇게 찾아다닌 결과, 그의 부모는 파트릭에게 그들의 삶에 대해, 그들이 느끼는 고통과 불화에 대해 말해 주게 되었다. 동시에 파트릭에 관해서만큼은 그들 두 사람이 똑같은 생각을 갖고 있음을 확인시켜 주었다. 파트릭은 부모님에 대한 의문점을 풀 수 있었다. 부모의 예전과 현재의 상태를 알게 되었지만, 그것은 부모의 이별을 알게 되는 대가를 치르게 했다. 하지만 이상하게도 파트릭은 그가 감지하지 못했던 여러 가지 징후들의 의미를 알게 되자 더 이상 부모님과 떨어져 있지 않아도 되게 되었다.

마치 모든 사람의 애완고양이였던 모모처럼 나는, 나도 모르게 종종 마을 서점의 책장을 뒤지면서 조금씩 마음의 안정을 찾아가는 내 모습을 발견하게 되었다. 나는 소설책들을 뒤적이면서 나도 모르게 어느샌가 책 표지 뒤쪽에 써 있는 내 여동생의 이름이나 그 이름의 이니셜을 찾곤 했다. 만약 그것을 찾아내면, 그 순간 그녀가 나와 함께 있는 듯한 느낌이 들었다. 아주 짧은 순간이지만, 무척이나 감미로운 느낌이 밀려들었다. 하지만 그것을 찾지 못했을 때는 슬픔이 나를 짓누르는 듯했다. —— '여기서도 그녀는 죽고 없는 거야.' —— 나는 내가 인식하는 슬픔들을 애써 떨쳐 버리기 위해 노력했다. 다른 서점에서도 나는 마을의 작은 한 지점을 좋아하는 그 고양이처럼, 또다시 소설들이 있는 책장을 향하게 될 것이다. 나는 그곳에서 표지를 들춰 볼 것이고, 그런 행동에 대한 합리적인 설명을 찾아내려고 할 것이다.

고양이 모모는 운이 좋은 녀석이다. 사람들은 모모에게 쿠션을 제공한다. 하지만 모모는 영리하다. 그 녀석은 자기가 좋아하는 쿠션, 즉 자신이 애착을 느끼는 주인들의 상징이자 자신이 그 위에서 자고, 머물고 했던 쿠션과 단순히 잠깐 사용했던, 아무런 애착도 느끼지 않는 다른 쿠션을 구별할 줄 안다. 결국 고양이 모모는 언젠가는 올, 그가 바라마지 않는 주인의 '돌아옴'을 계속해서 기다리고 있는 것이라 말할 수 있다. 그러면서 모모는 모든 이의 고양이로 살아가고, 혼자 돌아다니며, 주인의 부재에 대해 상심하지 않고 멋진 독립생활을 만끽하고 있다.

만약 이별로 인해 슬픔에 잠긴 아이가 자신이 행복했을 때 사용했던 쿠션을 발견하게 된다면, 그 아이는 진정한 평정을 되찾을 수 있을 것이며, 다른 어떤 쿠션도 그것을 대신하지는 못할 것이다. 그렇기 때문에 어떤 아이가 누군가의 죽음이나 이별 이후에 남아 있는 부모의 이성 파트너에 의해 길러지게 될 경우, 사라진 대상(어머니나 아버지)과 현재 자신을 돌봐 주고 있는 사람을 각각 구별하여 인식하도록 도와주는 것이 매우 중요하다. 이제 더 이상 없는 사람이 형제·자매일 경우도 마찬가지이다. 형제나 자매 중 누군가가 더 이상 곁에 없는 경우, 사라진 자의 흔적을 찾으려 하는 것은 정상적인 반응이다. 반대로 그 흔적을 깡그리 지우려 하는 것 또한 매우 정상적인 반응이다. 왜냐하면 그의 부재를 보는 것이 고통스럽기 때문에. 내가 어렸을 때, 우리 자매들 중 막내를 불로뉴 숲 동물원에서 잃어버렸던 날이 떠오른다. 막내동생은 두 살이 조금 넘었었는데, 혼자 돌아다니기를 좋아하는 활달한 성격이었다. 그 아이는 일요일의 인파들 속에서 잠깐 동안 나의 경계에서 벗어났던 것이다. 경찰들과 경찰견, 또 다른 주변 사람들의 도움과 함께, 발을 동동 구르며 동생을 찾아 헤매는 동안 몇 시간이 훌쩍 지나가 버렸고, 언니들은 질겁을 하여 울먹이며 내게 말했다. "막내를 못찾으면 집에 돌아갈 수 없어. 못찾게 되면 집 안에서 막내가 쓰던 침대를 치워 버려야만 해! 침대며, 그 애의 다른 물건들을 모두 없애야 한다구……." 한 사람의 부재를 참아내기 위한 방법으로 언니는 막내의 흔적을 모두 없애 버려야 한다는 괴상한 결론에 도달했던 것이다. 그것은 언니들이 울면서 생각해 낸 방법이었지만, 다행히 우리는 그 방법을 실행에 옮기지 않아도 되었고, 무용지물이 된 물건들을 보며 심란해하지도 않게 되었다. 막내를 찾은 것이다. 그 애를 찾았을 때, 그녀는 혼자 한 모험에 대해 매우 만족해하고 있었다. 그 경험에 대해 그녀는 다음과 같이 표현하며, 편하게 결론짓고 있었다. "길을 잃었다고 너무 걱정할 필요는 없어. 사람들이 곧 나를 찾아 줄 테니까 말야!" 그녀는 우리를 잃어버렸다고 당황해 하지 않았고, 또 우리를 영영 못찾게 될까 봐 두려워하지도 않았던 것 같다.

하지만 아이의 죽음이나, 나이가 많은 형제의 집 떠남 등의 일 이후에 남아 있는 사람들은 그러한 부재에 대해 말을 할 것인지 혹은 침묵할 것인지의 사이에서 주저한다. 그들이 느끼는 감정들을 토로할 것인지 혹은 숨길 것인지를 놓고 심히 주저한다는 사실에 그리 놀랄 필요는 없다. 그것은 은밀한 탐색으로, 금세 드러나는 마음의 동요로, 혹은 정체를 알 수 없는 헤매임으로 나타날 수 있다. "나는 찾아요. 찾긴 찾는데…… 뭘 찾는지는 모르겠어요." 또한 "나는 고통스러운데, 왜 그런지는 모르겠어요. 나는 내 안에서 엄청난 공허감을 느껴요. 또 죄책감으로 괴로워요. 살아 있다는 것, 내 것인 물건들, 내 주변 사람들에 둘러싸여 있다는 것이 죄스럽게 느껴져요. 그 사람은 이제 없는데 말이죠…… 그것이 내 죄책감의 이유입니다."

이들의 고통을 헤아리기는 그리 쉬운 일이 아니다. 두 권의 책이

이 문제에 대해 주목하고 있다. 우리는 자매의 죽음 이후에 남겨진 아이들의 절망과 고통의 외침을 첫번째 책에서 들을 수 있다. 《너를 위해 우리가 한 모든 것들로》[2]라는 이 책의 주인공은 자기 눈 앞에서 여동생이 고통스럽게 죽어가는 것을 보았고, 혼자 살아남게 되었다. 이후에 집안은 부모의 슬픔으로 가득 찼다. 소리 없는 외침도, 애정도, 반항도, 공포도, 더 이상 아무것도 남아 있지 않았다. 두번째 책은 쌍둥이 자매를 잃은 브리지트 레오타르가 슬픔에 빠져 갈가리 찢어진 마음으로 쓴 책이다. 쌍둥이 자매의 죽음으로 인해 그녀 안으로 침범해 온 죽음에 대해 말하기 위해서, 또한 동시에 죽음을 보존하고 극복하기 위해 이 책을 썼다.[3]

또 한 가지 생각해 볼 사안이 있다. 만약 한 가족 내에서 태어나기도 전에 사라진 아이가 있다면 어떡해야 할까? 가족들의 의식과 무의식 속에 이미 살아 있고, 탄생을 기다리던 아기가 4-5개월간의 임신 기간 이후 갑작스레 그들을 떠난다면? 혹은 태어나자마자 얼마 못가서 생을 마감하는 아기가 있다면? 물리적으로 어머니의 신체 내에 존재했었고, 모든 이의 머릿속에 살아 있었음에도 불구하고 이제 없으므로, 그에 대한 언급조차 하지 말아야 하는 걸까? 아예 없었던 듯이 행동하는 게 옳은 일일까? 훗날 우리는 언젠가 죽음이나 혹은 한 존재의 탐색과 같은 주제로 이야기하게 될 때, 우리 속에 웅크리고 있던 어두운 그림자를 발견하게 될 것이다. 반대로 아무도 그 아이를 보지 못하는데도 불구하고, 그를 가족의 일원으로 생각하

2) M. Brantôme, 《Avec tout ce qu'on a fait pour toi》, Paris, Seuil, 2001.
3) B. Léotard, 《한 패에 대한 작은 추억 Petite mémoire d'un clan》, Paris, Albin Michel, 1996.

고 계산에 넣게 된다면, 그 또한 최선은 아닐 것이다. 에티엔은 "우린 다섯 명이야"라고 말한다. 나는 속으로 세어 본다……. 그리곤 말한다. "부모님까지 합하면 다섯이지." 아니야. 부모님 빼고 아이들만 다섯이라니까. 에티엔은 나이 순으로 이름을 댄다. 그 다섯 중엔 마리-앙주와 피에르-앙주가 있다. 그렇다. 우린 원래 다섯이었다. 지금 남아 있는 사람은 세 명뿐이지만. 마리-앙주는 수태된 지 3개월 만에 사라졌고, 피에르-앙주는 태아로 4개월까지 살다가 저세상으로 갔다. 부모님은 그들을 잊지 않고 가끔 말하곤 했다. 그들은 우리 가족의 일부임이 분명하다. 하지만 아이가 다섯이라고 계속해서 말하는 것은, 지금 살아 있는 자식들에게 다소 무거운 부담이 아닐까? 존재했었는지, 그렇지 않은지 확실치도 않는 불분명한 어두움을 괜시리 찾아다닐 필요는 없지 않을까? 촉각할 수 없는 어떤 것으로 아이들의 마음에 무거운 짐을 주기보다는, 현실을 한 번 더 있는 그대로 받아들이게 하는 것이 더 낫지 않을까? 어찌 되었건, 왜 부모님이 어떤 때에는 죽은 두 아이까지 합해서 다섯이라고 말하고, 또 다른 일상생활에서는 그들을 잊어버린 듯 살아가는지에 대해서 서로 이야기하게 될 날이 언젠가는 올 것이다.

파티, 나는 그것이 싫어요

마엘은 부모님을 놀라게 만들었다. 마엘은 학교에서 모범 학생이었고, 친한 친구들도 많았으며, 집에서도 말 잘 듣는 아이였다. 잠도 잘 자고, 먹는 것도 별 문제가 없었다. 마엘을 기쁘게 해주려고 부모는 그녀의 다음 생일에 친한 친구들을 초대해서 파티를 여는 것이 어떻겠느냐고 물었다. 마엘은 거절했고, 그 생각을 바꾸려 하지 않았다. 또한 다른 친구에게서 초대받는 것도 거절하기 시작하였다. 부모님이 초대에 응하는 것이 어떠냐고 권할 때마다 아이는 화를 냈다. "무엇보다도 파티 그 자체가 싫다구요." 친구들과 어울려서 게임을 하며 놀거나, 광대를 보는 재미 등에 대해 말하는 것도 싫어했다. 마엘은 계속 자신의 생각을 고수하였고, 더 이상의 이견을 말하지 못하게 했다. 아무도 그녀를 이해하지 못했지만 "어쨌든 각자 자기 취향이 있으니까"라는 말로 한 걸음 물러설 뿐이었다. 모든 아이들은 의무적으로 파티에 가야 한다는 법은 없다. 또한 모든 부모들이 아이에게 생일 파티를 열어 줘야 한다는 법도 없다. 하지만 마엘의 부모는 조금 걱정이 된다는 투로 이유를 모르겠다며 내게 자문을 구해 왔다. 우리는 파티에 관한 것으로 마엘을 더 이상 괴롭히지 않기로 일단 합의하였다. 나중에 어느 때고 파티의 즐거움을 발견하게 될지도 모르는 일이니까. 그래서 파티라면 하나도 빼놓지 않고 달려가게 될지도 모르죠! 이렇게 말하고서 우리는 웃었다. 마엘만 빼고… 마엘은 완강함과 진지함으로 무장한 채, 자못 심각한 말투로 결론짓듯 말했다. "그럴 리는 없을 걸요!"

이번엔 마엘처럼 여덟 살인 다비드의 열광에 대해 말하려 한다. 다비드는 자신이 자주 초대되곤 하는 큰 파티에 대한 생각밖에는 없는 아이였다. 조금 더 나이가 든 로뱅이나 지나, 카롤, 라시드……. 이 아이들에게도 모든 친구들과 친척들, 가족들이 한자리에 모이는 파티는 더할 나위 없는 즐거운 장소였다! 누군가의 성년식을 축하하고, 성탄을 축하하며, 아이의 생일이나 할아버지, 할머니의 생신을 축하하기 위해 지금까지 소원하게 지냈던 모든 친척들이 한자리에 모여서 엄청나게 큰 쿠스쿠스[4]를 만들고, 석쇠에 고기를 구우며, 오랜 시간 동안 준비한 공연을 무대 위에 올린다. 이 모든 것들을 미리 생각하고 준비하는 것, 이것이 바로 파티가 주는 흥분인 것이다! 파티가 끝나면 모든 사람들이 각자의 집으로 돌아가고, 남은 사람들은 지쳐서 자신의 침대 속으로 들어간다. 또 어떤 이들은 못내 아쉬워 그날의 저녁과 다음 날까지 파티에서의 즐거웠던 일에 대해 이야기를 나눈다. 아마도 그들은 사람들이 모두 가버렸을 때 잠깐 동안 실망스러움을 느꼈을 것이다. 하지만 그 '우울한 기분'을 극복하면, 남는 것은 기쁨과 즐거움이다.

---

4) 아랍 지방 사람들이 즐겨먹는 음식 중 하나. 조와 비슷한 곡물과 고기, 야채가 주재료이고, 커다란 접시에 놓고 여러 사람이 함께 먹는다. [역주]

친구들이 떠난 후 엄청난 허탈감에 빠져 있던 내 딸아이가 생각난다. "이제 끝이야!"라고 말하며 그 애는 눈물을 쏟아냈다. 아직 어렸을 때였는데, 내가 아이를 안고 즐거웠던 순간들을 말해 주며 위로했지만, 큰 기쁨 뒤에 찾아온 슬픔은 아이를 쉽게 놓아 주지 않았다. 나는 곧 다른 파티가 또 열릴 것이고, 다음 날이면 학교에서 친구들을 모두 다시 볼 수 있을 것이라고 아이를 설득하였다. 하지만 아이는 여전히 풀이 죽어 있었다. 우리는 함께 뒷정리를 하였다. 즐거웠던 시간들이 남긴 슬픈 흔적들을 함께 치웠다. 우리는 다시 계획을 짰다. 앞에서 나왔던 마엘의 고집스런 '파티 거부증상'이 바로 이 '파티가 끝난 후'를 두려워하는 것에서 기인하였음을 여기에서 지적하고 싶다. 마엘은 파티 후에 찾아올 이별과 슬픔의 순간이 싫었던 것이다. 우리 자신도 파티 다음 날 아침에 서로 헤어지기 싫어서 미적거리던 경험을 모두 한번쯤 갖고 있을 것이다. 마지막까지 남아 있는 그룹은 해가 뜨는 것을 봐야 한다는 등의 핑계거리를 만들어 내면서 조금이라도 더, 조금만이라도 함께 있는 시간을 연장하기 위해, 그 열기와 일체감, 행복감의 시간을 길게 늘이기 위해 애쓰지 않았던가? 몇 년이 지난 지금, 그때의 기억이 새록새록 솟아오른다. 춤과 음악으로 다채로왔던 파티를 뒤로 하고, 파티 준비로 들떠 있던 어지러운 일상의 집으로 되돌아 오기가 얼마나 힘들었던지! 서서히 잠에서 깨어나는 파리 시를 가로질러 집으로 걸어오면서 우리는 파티의 조명들로부터 서서히 떨어져 나와 새로운 공간과 시간 속으로 우리 자신을 적응시켜 나가곤 했다. 어떤 누군가를 떠나는 데는 시간이 필요하다. 생생한 경험이 있었던 어떤 장소를 떠나오는 데도 시간이 필요하다. 우리 안에서 벅찬 감정이 깨어나고, 살아 숨쉬었던 그 순간들과 거리를 두기 위해서는 일정한 시간적인 유예가 필요한 법이다.

나탈리는 몇 개월 전에 결혼을 하였다. 결혼 피로연은 새벽까지 계속되었다. 가까운 친지들은 우리를 다음 날 점심 식사에 또 초대하였다. 남은 음식들을 처리하기 위해서라고 말했지만, 사실은 회합을 연장하기 위함이었고, 아직은 완전히 헤어지는 것을 피하고 싶어서였다.

그런 행복한 파티가 있은 다음, 우리 아이들은 급작스런 헤어짐의 충격을 예방하기 위해 미리미리 신경을 쓰지 않았던가? "다음 날도 생각해야지." 아이 들 중 한 명이 어른스레 이야기한다. "이런 파티 후에 모두 떠나 버리고 혼자 남게 된다면 그 실망감을 어떻게 감당할 수 있을까?" 그리고는 하나 둘씩 자신의 일상으로 돌아가고, 그룹은 해체된다. 이별은 덜 힘들 것이다. 아니 이별은 덜 힘든 것이 분명하다. 왜냐하면 이별이란 늘상 찾아오는 것이고, 그것은 당연한 것이기 때문이다. 파티가 즐거우면 즐거울수록 다음 날 찾아들 허전함의 비중은 커진다.

바로 이것을 마엘은 미리 감지하고 있었던 것이다. 바로 그것이 마엘을 의구심에 빠지게 만들었다. 사실 마엘이 싫어한 것은 파티 그 자체가 아니다. 모두가 이별을 경험해야 하는 파티 다음 날 혹은 파티가 끝난 저녁의 그 순간이 싫은 것이다. 어렸지만 마엘은 모든 파티와 모임 뒤에는 헤어짐의 시간이 올 수밖에 없음을 영리하게도 이미 파악하고 있었던 것이다. 그녀가 원치 않았던 것은 이별, 바로 그것이었다.

그게 아니라면, 그룹의 목적에 따라 휩쓸리듯 자신의 정체성을 잠깐 동안이나마 잃어버리기 쉬운 파티라는 시간 그 자체에 대해 의구심이 들었을 수도 있다. 몇 십 년 전부터 행해진 집단에서의 정서적 체험에 관한 연구들이 있다.[5] 집단이라는 연결고리는 은근슬쩍 우리가 알아채지 못하는 사이에 아기와 어머니의 관계를 연상케 하는 매우 강한 결속력을 우리 안에서 생겨나게 한다. 여기에서 집단은 우리 각자에게 어머니가 되고, 어머니의 젖가슴은 우리가 떨어져 나오기 힘든 어떤 것이다. 진한 쾌감과 그것이 멈출 것에 대한 두려움, 모든 이들이 느끼는 강렬한 즐거움과 함께 곧 그것이 사라질지도 모른다는 걱정, 자신이 누구인지도 잊어버리게 만드는 극치의 경험. 이것이 바로 파티라는 집단이 우리에게 주는 것이다. 파티에서의 즐거움은 서로간의 거리감을 사라지게 만들고, 우리 각자의 개인 정체성을 가능하게 하는 개별성을 없애 버리며, 자기 자신을 알아보지 못할 정도로 한 가지 동일한 감정의 소용돌이 속으로 몸을 던지게 만든다. 최근에 방영된 한 TV 쇼를 예로 들어 보자. 거기에서 우리는 인위적으로 한곳에 모여 살게 된 젊은이들의 집단을 관찰할 수 있었다. 공동생활이 진행됨에 따라 그들은——매우 퇴행적인 형태의——과장된 언어 습관을 갖게 되었는데, 그것은 마치 가족 집단에서나 관찰할 수 있는 언어 사용의 예였다고 말할 수 있다. 또한 그들은 행동에 있어서도 매우 과장된 제스처들을 보여주었는데, 헤어지기 전날까지 계속해서 끊임없이 서로를 얼싸안는 등, 신체적인 친밀감을 보여주었다. 그들은 마치 단체 운동 경기의 선수들이 큰 경기에

---

5) 이 주제에 관해서는 이미 정전(正典)이 되어 버린 두 권의 책을 참고하라: M. Pagès, 《집단에서의 정서생활 *La vie affective des groupes*》, Paris, Dunod, 1997; D. Anzieu, 《집단과 무의식 *Le Groupe et l'Inconscient*》, Paris, Dunod, 1999.

서 서로 뒤섞여 누가 누군지 구분되지 않는 가운데 서로의 몸을 부둥켜안는 모습을 연상케 했다.

마엘은 모든 사람이 같은 음악에 맞춰 몸을 흔들고, 같은 음식을 먹고, 같은 것을 보고 동시에 울고, 웃는 속에서 자기 정체성의 위험을 느꼈을지도 모른다.

이별에 대한 두려움과 자기 자신은 남들과 다른 독특함이 있음을 주장하고 싶은 두 가지 마음 사이에서 마엘은 "파티, 난 그것이 싫어요"라고 말하게 된 것이 아닐까. 그녀는 자신의 유약함을 미리 감지하고, 평형심을 잃지 않기 위해 나름대로 노력하고 있는 것이다. 비록 자신의 입장이 어떻게 보면 난처해질 수도 있지만, 반면 신중함만은 잃지 않은 것이 된다. 두 경우 모두 헤어짐과 연관되어 있는 문제이다. 우리의 해석이 다소 애매하고, 양면적으로 보일 수도 있다. 하지만 이별이라는 것 자체가 양면성을 갖고 있다. 이별이란 한편으로는 고통스럽지만, 또 다른 한편으로는 꼭 필요한 것이므로.

엄마만 알아요

카린은 여덟 살이다. 그녀는 학교에서 공부도 잘 하고, 밝으며 친구도 많다. 간단히 말해서 아무 문제가 없는 아이였다. 초등학교 4학년의 겨울 스키 캠프가 시작되기 전까지는 정말 아무 문제도 없었다. 카린은 거기에 절대로 참가하지 않겠다고 완강히 거부하였다. "선생님도 같이 가시는데……" "네 친구들도 모두 간다는데……" "너 스키 타는 것 좋아하잖니?" "엄마가 편지도 쓸게" "너 거기 안 가면 무지 후회할 걸? 친구들도 없고, 너무 심심해서 말야." 하지만 그 어떤 말도 소용이 없었다. 카린은 황소 고집이었다. 모든 말에 대해 "싫어요"라고만 말했고, 다른 설명은 하지 않았다. 며칠 뒤 마침내 그녀가 털어놓은 이유는 다음과 같다. "만약 제가 넘어져서 다치면 어떡해요? 잠을 못자면 어쩌죠? 그런 때에 엄마가 없으면 아무것도 못해요!" 그렇다. 엄마는 모든 걸 이해하고, 모든 불행 혹은 따사로운 애정의 순간에 항상 곁에 있는 존재이다. 엄마는 어떠한 역경 속에서도, 어떠한 예기치 못한 사고 앞에서도 무엇을 어떻게 해야 할지를 알고 있는 사람이다. 적어도 카린에게는 그러하다. '엄마는 언제나 내 말을 들어준다.' 엄마란 존재는 그런 것 아닌가? 엄마는 임신한 그 순간부터, 그 전까지 아무리 열성적으로 즐겁게 자신의 일을 다해 왔다 하더라도 그 일을 포기하고 자신의 아기를 위해——둘까지만! 그 이상은 아니다——자신을 희생하기로 결심한다. 아이들이 집에 있을 때는 언제나 엄마도 집에 있도록 자신의 시간을 기꺼이 조정하고, 아이들이 학교 식당에서 밥을 먹게 하는 대신, 아이들을 위해 직접 집에서 점심 식사와 저녁 식사를 차려 주는 사람도 바로 엄마이다. 방학 때, 아빠가 아이들이 있는 곳으로 합류하기를 기다리면서 초대받은 친구네 집으로 보낸다거나, 하계 학교에 아이들만 보내기보다는, 차라리 자신이 직접 아이들을 데리고 휴가를 떠날 준비를 하는 것이 바로 엄마란 사람이 아닐까? 그렇기 때문에 카린은 여전히 자신의 생각을 고수한다. "내가 필요로 하는 모든 것을 나를 위해 해줄 수 있는 사람은 엄마밖에 없어요. 나를 이해하는 사람은 오직 엄마뿐이라구요." 또한 엄마는 자신의 마음속 생각들을 드러내어 소리 높여 말하지 않으며, 대신 따사로운 평온함으로 세상을 가득 채우는 존재이다. 엄마들이란 그렇게 만들어졌다. 엄마들은 모든 일어날 수 있는 위험에 대비하고, 아이들을 보호하며, 아이들이 세상에 태어난 직후부터 그들의 성장을 지켜보고, 그 성장이 탈 없이 계속될 수 있도록 옆에서 돕는다. "내가 그 아이를 임신했을 때, 나는 그 애의 울타리였어요. 나는 내 아이가 울타리를 원하고 필요로 할 때까지 언제든 그것이 되어 줄 것입니다." 이런 엄마들에게 달리 무슨 할 말이 있겠는가? 여기에서 생각나는 것이 있다.

내 딸 오딜은 내가 다음 아이의 탄생을 기다리고 있을 당시, 네 살이 채 되지 않았었다. 그런데 갑자기 나에게 유산의 기미가 보였다. 유일한 처방은 몇 주 동안 침대에 누워 있어야 하고, 아기가 태어나기 전 여름 몇 달간을 최대한 안정을 취해야 한다는 것이었다. 그러지 않으면 이미 우리 가족의 일부가 된 아기의 생명이 어찌될지 모르는 위험한 상황이었다.

우리는 오딜이 예상치 못한 이 역경으로 인해 지나치게 힘들어하지 않도록 하기 위해 무언가 해결책을 찾아야만 했다. 내가 있는 파리에서 오딜을 멀리 있도록 하기 위해, 누군가에게 아이를 맡겨야만 했다. 나의 부모님은 우리 사정을 들으시고 안타까워하셨지만, 마르세유[6]라는 다른 큰 도시에 살고 계셨다. '두 분은 아마도 오딜과, 아니 우리와 함께 남은 여름을 보내실 수 있을 텐데……' 하는 생각이 들었다.

우리가 당분간 기다려 보자는 잠정적인 결론에 도달했을 즈음, 내 남편의 회사에서 제공되는 멋진 사회복지 프로그램이 있다는 것을 알게 되었다. 그것은 세 살에서 다섯 살 사이의 아이들을 일정 기간 동안 산 위에 있는 어린이 집에서 돌봐 주는 것이었다. 나는 산을 좋아하는 편이었기에, 딸아이의 입장이 되어서 내가 먼저 신나했었다. 그런데 작성해서 보내야 할 모든 서류들이 도착하여 꼼꼼히 읽어본 결과, 아이들은 집에서 가져온 개인 물품들을 사용할 수가 없었고, 그곳에서 지급되는 기본적인 용품으로만 단체생활을 해야만 한다고 되어 있었다. 갑자기 나는 정신이 번쩍 들었다!

각자 다른 개성의 아이들이 자기 색깔을 잃어버린 채, 하나의 모델에 따라 숫자로만 축소되어 조직에 귀속되는 것은 너무나 끔찍한 일이다. 어찌 내 딸애를 그런 곳에 보낼 수가 있겠는가? 그런 사회

---

6) 남프랑스에 위치한 지중해 연안의 항구 도시. 〔역주〕

복지 서비스가 내게는 갑자기 카프카가 말했던 부조리하고 파괴적인 사회 체제가 되어 버린 듯한 인상을 받았다.

나는 말쑥하게 차려입고, 비슷한 모양으로 머리를 자른 아이들이 한 줄로 죽 늘어서 있는 모습을 상상했다. 물론 내 상상대로일 리는 없지만! 정체 모를 괴물이 내 딸애를 삼켜 버리고, 대신 나에게 사랑과 관심으로 바느질된, 정성스레 선택한 옷이나 개인 물품들은 모조리 금지된 채 과거의 기억도 없이, 오직 일률적인 모델에 의해 재조립된 내가 모르는 다른 아이를 내게 데려다 줄 것만 같았다.

나는 서류들을 모두 찢어 버렸다. 오딜을 그런 조직에 맡기는 것은 영 탐탁치가 않았다. 그 모든 것들이 내 안에서 내 딸애를 '이방인'에게 맡길 수 없다는 강한 거부감을 불러일으켰다. 그 일로 인해, "자신의 아이를 제대로 입히고, 재우고, 애정과 활기로 놀잇감을 골라 줄 수 있는 사람은 엄마밖에 없어. 그걸 할 줄 아는 사람은 엄마뿐이라고!"라는 생각이 강하게 내 안에 자리를 잡았다.

나는 이제 겨우 사춘기를 지나온 아이들이 몇 달 동안 부모와 떨어져 있는 동안[7] 그들을 위로하고, 응석을 받아 주며, 같이 놀아 주었던 시간들이 마치 근래의 일처럼 생각난다. 나는 아이들의 눈물과 슬픈 시간들과 함께, 그들의 즐거움과 환희도 보았다. 하지만 그것은 결코 당연하기만 한 일이 아니다. 아이들을 산에서 생활하게 하는 것은 그들로 하여금 두려움과 배고픔, 죽음으로부터 자신을 보호할 능력을 길러 줄 수는 있다. 하지만 망가지고 손때 묻은 인형이나 엄마

---

7) N. Fabre, 《아이들은 부모와 헤어져서 과연 행복할까? *Sont-ils heureux loin de nous?*》, Paris, Fleurus, 1998.

가 떠 준 손뜨개 옷, 혹은 낡고 해진 헝겊조각 등, 집을 생각나게 하는 모든 물건들 또한 아이에게 있어서는 매우 소중한 부분이다.

어쨌든 그때까지 내가 아이들에게 주었던 엄마로서의 애정은 이런 시간들을 겪음으로써 더욱 진한 모성애로 변화하게 되었다. 나는 내 남편을 사랑했고, 지금도 여전히 그를 사랑한다. 우리는 첫째딸을 낳았고, 다음 아이들도 가졌다. 나는 아이와 함께하는 이 새로운 삶을 위해 열성적으로 임했던 내 일을 기꺼이 포기하였고, 그러한 일은 최근에도 종종 일어난다. 나는 "엄마만이 아이를 돌보고, 안정시키고, 사랑해 줄 수 있어요"라고 확신하고 있었다.

다행스럽게도 이러한 소신은 내 아이들을 가까운 친지에게 맡기는 것까지 피해야 할 것으로 여기게 하지는 않았다. 아이들이 어느 정도 컸을 때, 그리고 자신들이 그것을 원할 때에는 스키 캠프나 야영, 계절 학교, 혹은 친구 집이나 친척 집에 아이들이 머무는 것을 말리지 않았다. 하지만 내 안의 작은 부분은 아주 오랫동안, 아이를 위해 무언가를 할 수 있는 사람은 엄마뿐이라는 생각을 잊지 않고 있었던 것 같다.

조금 더 시간이 지난 뒤, 내가 아예 자리에 누워 거동할 수가 없었던 몇 개월 동안, 아이들의 아버지와 할머니, 이모, 이웃의 어른들이 교대로 아이들을 돌보아 주었다. 아이들이 규칙적으로 스트레스 없이 자신의 생활을 이어나갈 수 있도록 도와주었다. 우리 아이들이 갖고 있는 유일하게 나쁜 기억은 그 3개월 동안 밥을 먹으러 다녀야 했던 학교 구내 식당이다. 지금 어른이 된 딸들은 아직도 그때 그 식당의 밥이 형편없었다고 진저리치며 말하곤 하는데, 가장 심했던 것은 쳐다보기도 싫은 못생긴 식기 위에 나오는 음식들을 남김없이 다

먹어야만 했었다는 것이다. 자기 아이들이 어떤 음식을 좋아하고 싫어하는지를 아는 것은 오직 엄마뿐임은 분명한 사실이다. 대구〔漁〕라면 질색을 하는 소녀에게 그것을 다 먹으라고 강요하는 것은 다소심한 일이다.

나는 출산으로 중단되었던 일을 계속하기 위하여 아기를 '맡기려' 하는 젊은 엄마의 이야기를 귀기울여 듣고 있다. 그녀는 자문한다. '놀이방에 맡겨야 할까?' 그녀는 결심을 하고, 아이를 놀이방에 등록시키기까지 적지 않은 시간을 망설임으로 보냈다. 아무리 잘 교육 받은 교사들이 있고, 어린 유아들만을 위해 만들어진 기관이긴 하지만, 모르는 사람에게 자신의 아이를 맡기는 것이 아무래도 꺼림칙한 마음이 들었다. 아마도 확신을 하기가 힘들었을 것이다. 하지만 이젠 너무 늦었다. 아이는 규칙에 의해 자격증을 가진 보모에 의해 보살핌을 받게 될 것이다. 과연 그 아이는 다른 두세 명의 아이들과 함께, 집의 환경과는 너무나도 다른 장소에서 잘 적응해 나갈 수 있을까?

이 젊은 엄마의 친구들 중에는 자기 아이를 부모님께 맡기는 사람도 있다. 아이의 조부모는 마치 놀이방처럼 평일 동안에는 아이를 맡아 주고, 주말과 휴가 기간 동안에는 아이의 부모에게 돌려보내 준다. 하지만 그녀는 그렇게 해줄 부모님이 너무 먼 곳에 살고 계셨다.

그녀의 사정을 들으면서 나는 엄마 역할을 다른 누군가와 반으로 나누어 하는 것에 불만을 터트리는 어른들을 떠올렸다. 그들은 말한다. "두 명의 엄마라니, 너무 많은 거 아닌가……." 아이가 위로를 필요로 할 때, 그것을 알고 적절하게 달래 줄 수 있는 사람이 어쩌면 엄마가 아니라 할머니일 수도 있다. 내 앞에 있는 이 젊은 엄마는 결국엔 이 방법이 최선이라는 것을 스스로 외면하고 있는지도 모를 일이다. 게다가 아이가 엄마를 원망하는 날이 올지도 모르기 때문이다. 엄마가 할머니에게 새로운 아이(자기 자신)를 주면서 스스로 엄마 역할을 너무 쉽게 내던져 버린 것에 대해서 말이다. 엄마는 자신이 최선이라고 믿는 대로 행동한 것이지만, 어쩌면 그것이 아이에게는 버림받았다는 느낌을 줄 수도 있다. 동시에 그녀는 무의식의 힘에도 반응하지 않은 것이 된다. 즉 자신의 엄마, 그녀의 엄마만이 아기를 돌볼 줄 아는 사람이고, 그녀 자신은 영원히 소녀 시절에 멈춰서 있으며, 자신이 낳은 아이의 큰누나 역할에 머물러 있으려 하는 무의식 말이다.

또한 엄마보다 더 잘할 어떤 이에게 아이를 맡겨야 하는 상황에서 부모가 느낄 저항도 생각해 볼 수 있겠다. 내 아기를, 내 아이를 병원의 처치에 맡기고 나와야 하는 상황이라면, 그곳이 유일하게 아이를 낫게 할 수 있는 곳임을 알면서도 과연 마음 편하게 믿고 맡길 수 있을까? "알아요. 알고 말구요. 하지만 애를 혼자 두고 나와야 한다니, 불안하군요. 간호사들이 아이와 소통할 수 있을까요? 만약 아이가 밤에 무서워하면 어쩌죠? 간호사들의 처치를 무서워하면 어떡하나요? 아이가 수술실에 들어갈 때까지 내가 여기 있으면 안 될까요? 아이를 진정시키려면 제가 있어야 해요. 내 말은 잘 듣거든요."

"하계 학교나 기숙사 같은 어떤 기관에 자식을 맡기는 것은… 글쎄요! 언제나 위험성이 있습니다. 책임자들이 무책임한 경우도 많거든요. 저는 제 자식이 어떤지를 잘 알고 있습니다. 그 애를 잘 주시하지 않으면, 어떤 일을 저지를지 장담하지 못한다구요!" 이 말은 사실일지도 모른다. 나는 이렇게 말한 어머니가 '감시'라는 말 대신 "그 애를 잘 주시하지 않으면"이라고 말한 것이 다행이라고 생각한다. 그 두 가지는 비슷해 보이지만 의미는 같지 않다.

 또한 모든 것은 아이의 연령과 아이마다 다른 독립심 · 자율성 · 감수성 · 유약성에 따라 달라진다. 모든 것은 아이가 집에 대한 애착을 얼마나 갖고 있는지, 새로운 환경과 주어진 규칙에 얼마나 잘 호응하고 적응하는지에 달려 있다. 이런 경우 문제는 달라진다. 이제 더 이상 "엄마만 그걸 할 줄 알아요"가 아니다. 대신, "저는 단체활동을 하는 것이 싫어요. 저는 스키 타는 것보다는 책을 읽는 것이 더 좋아요. 저를 좀 가만히 내버려 두세요. 저는 들판에서 자전거 타는 것을 좋아하고, 시골 친구들을 만나는 것이 좋아요. 저는 엄마가 제가 혼자 식사 준비를 하도록 내버려 두는 게 마음에 들어요. 저는 할아버지 댁이 좋아요. 저는 조용하게 수를 놓는 것을 좋아해요. 전 배를 조종하는 것을 배운 뒤, 저녁에 집으로 돌아오는 것이 즐거워요" 등 아이들의 구체적인 의견에 귀를 기울여야 한다.

 엄마 입장에서 보면, 아니 부모 입장에서 말하면, 부모들이 가져야 할 태도는 바로 존중이다. 우리 아이들을 존중해 주자. 아이들은 선택할 권리가 있다. 아이들은 우리에게 귀속된 존재가 아니다. 두 가지 모두 올바르고 해도 괜찮은 것이라면, 아이들이 그 둘 중 하나를 선택하도록 기회를 줘라. 아이는 인격을 갖고 있고, 아이에게도 취향과 필요가 있다. 그것이 무엇인지 아는 것은 아이 자신이지 부모인 우리가 아니다. 특히 부모의 우리 안에 아이를 가두어 두려 하지 마라. 아이에게 왔다 갔다 하는 방법을 가르쳐 주고, 집 안에서의 개인생활을 허락하고, 바깥에서도 아이의 필요와 취향에 따라 가능한 범위 내에서 자신의 생활에 대해 책임지게 해야 한다.

내 자난가 어딘 가누따마…

마르코의 부모는 담당 의사의 권유로 나를 찾아왔다. 겉보기에는 문제 없이 성장한 것 같은 네 살의 이 남자아이는 그 또래 아이들처럼 말을 잘 하지 못했다. 같이 온 마르코의 형들이 아이와 같이 놀아주고는 있었지만, 아이는 그들과 노는 것에 그다지 큰 흥미를 갖고 있는 것 같지는 않았다. 마르코의 아버지는 두 살배기의 말투와도 같은 마르코의 웅얼거림에 아예 귀를 틀어막고, 무슨 의미인지 들어보려고 하지도 않았다. 그것 때문에 그는 매우 상심해 있었다. 마르코의 어머니는 아이가 쉴 새 없이 쏟아내는 이해할 수 없는 음절들속에서, 신기하게도 마르코의 의사를 파악해 내고 있었고, 우리의 대화는 아이를 안심시키기 위해 웃음과 명랑함을 과장하고 있었다.

마르코의 부모는 언어교정 전문가를 찾아가기도 했다는데, 그 사람은 자신이 도울 방법은 없다고 말했다. 병원에서 마르코의 혀 모양과 입천장의 구조, 치열 등 형태적인 면을 살펴보았지만 마땅한 원인을 찾지 못했다. 가족의 주치의는 언어 습득을 지체시킬 수 있는 심리적인 문제들을 찾고자 했다. 빗장은 이미 채워져 버렸다. 그 것을 벗기는 것밖에는 도리가 없다.[8] 양심의 가책을 쓰라리게 느끼면서, 마르코의 부모는 지금까지의 상황을 내게 설명해 주었다. 그들은 마르코에 대해 부모로서의 죄책감을 느끼고 있는 동시에, 아이에게 특별히 잘못한 일도 없다는 변명을 하고 싶어 하는 것 같았다. 나는 책임 문제는 일단 접어두고, 아이에 대해 더 자세한 질문을 하였다. 그들은 마르코가 '명랑하고 어른을 잘 따르는' 아이라고 표현했다. 우리는 마르코가 언어지체 문제로 나를 찾아오되, 내가 목이나 치아를 치료하거나 잘못 사용된 단어의 발음을 교정해 주는 일을 하지는 않을 것임을 아이에게 알려 주기로 했다. 마르코의 아버지는 말했다. "단어라는 말… 그런 말을 할 필요도 없습니다. 아이는 단어가 뭔지도 몰라요." 나는 아이가 다른 사람들처럼 말하지 못하는 데서 느끼는 어려움이 가장 클 거라고 말했다. 하지만 마르코의 아버지는 "아이가 정말로 힘들어하는지 잘 모르겠습니다. 왜냐하면 마르코는 어떻게 해서든 자기 의사 전달은 하고 있거든요"라고 말했다. 부부간의 짧은 말다툼이 있은 후, 나는 마르코의 '중얼거림'이 어머니의 탓임을 감지하였다. 왜냐하면 그녀는 마르코가 정확하게 말하기 전에 뭐든 알아서 척척 해주는 스타일이었다. 그러다 보니 아이는 지금의 상태로도 충분하였던 것이다.

나에게 아이를 데려오는 것은 매번 어머니가 맡아서 하고 있었다. 나는 어머니와 마르코를 둘 다 내 상담실로 들어오게 하였다. 마르코는 어머니 몸에 붙어서, 두 사람이 마치 한 몸인 것처럼 움직였다. 마르코는 계속 뭐라고 알아들을 수 없는 중얼거림을 토해내고 있었

---

8) G. de Taisne, 《당신은 그를 정신분석의에게 데려가야 한다 *Vous devriez l'emmener chez un psy*》, Paris, Fleurus, 1997 참조.

다. 하지만 내가 알아들을 수 있는 단어는 하나도 없었다. 나는 마르코에게 앞으로 나와 할 상담에 대해서 그의 부모가 이미 해주었을 말들을 다시 한번 설명해 주었다. 아이는 이해하는 듯이 보였으나, 곧 나에게서 몸을 돌려 어머니 쪽으로 밀착했다. 아이는 어머니에게서 그때뿐만 아니라, 앞으로도 계속 떨어지지 못할 것처럼 보였다. 아이는 털인형에 관심을 보였고, 그것을 갖기 위해 어머니를 잡아끌었다. 그는 작은 인형들이 담겨져 있는 바구니 쪽으로 가기 위해 어머니의 옷자락을 붙잡고 늘어졌다. 아이는 계속 말을 했다. 내가 아이에게 말을 걸자, 아이는 어머니를 통해 자신의 의사를 전달하였다. 혼잣말이 아니면 늘 그런 식이었다. 아이의 말은 내가 아는 다른 어떤 언어와도 닮은 점이 없었는데, 감탄과 제스처는 많이 포함되어 있는 것을 느낄 수 있었다.

차츰 나도 이해하지 못함을 이해하는 상태로 동화되어 감을 느꼈다. 아이는 나를 자신의 영역 속으로 끌어들였다. 그들 모자가 나를 그렇게 만들었다. 내가 그들에게로 빨려 들어감을 느꼈을 때, 나는 내가 그들을 떼어 놓을 수 있을지도 모른다는 생각이 들었다.

나는 마르코를 어머니와 떨어져서 놀게 만들었다. 아이는 어머니의 옷을 손에서 놓았다. 이젠 더 이상 옷자락을 손에 쥐고 있지 않았다. 아이는 나를 붙잡고 있지도 않았고, 대신 우리 두 사람은 카펫 위에 흩어져 있는 작은 인형들과 함께 앉아 있었다. 아이는 우리가 놀고 있던 곳에서 2미터쯤 떨어진 곳에 있는 털인형들을 손으로 가리켰다. 나에게 그것들을 가져다 달라는 것처럼 보였다. 나는 아이의 요구를 정확한 말로 표현해 주었고, 그것을 갖다 주기 위해 자리에서 일어난 뒤, 아이에게 털인형 중 하나를 가져다 주었다. 그러자 아이는 정확한 발음으로 "네! 네!"라고 말했다. 그것에 대해서 나는 아무 대꾸도 하지 않았다. 마르코의 어머니는 조심스레 자리에서 일어났다. 마르코는 여전히 이해할 수 없는 말로 털인형을 더 갖다 줄 것을 요구했고, 내가 움직이지 않자 아이는 더 큰 소리로 내게 털인형을 가리키는 시늉을 했다.

내가 아이에게 말했다. "다른 털인형도 갖고 싶구나."

마르코가 외쳤다. "네! 네! 도, 도!" '또'라는 말은 겨우 알아들을 수 있는 정도였다.

나는 아이의 요구에 따라 한 개씩 털인형을 갖다 주었다. 아이는 그것들을 팔로 감싸 안더니, 곧 어머니의 무릎 위에 그 인형들을 쏟아부었다. 그런 뒤 아이는 어머니의 품안으로 얼굴을 묻었고, 어머니는 아이를 쓰다듬었다. 이와 같은 잠깐의 떨어짐 이후, 두 사람은 다시금 밀착되어 있는 상태로 돌아갔다.

그 다음의 상담도 비슷하게 진행되었다. 그러던 어느 날, 마르코의 어머니는 대기실에서 기다리고 아이를 혼자 내 상담실로 들여보냈다. 그날 이후, 그녀는 마르코와 함께 내 상담실로 들어오지 않았다. 마르코는 계속해서 웅얼거림을 내뱉었지만, 그 가운데 정상적인 단어가 몇 개씩 들리기 시작했다. 아이 어머니는 집에서도 그런 점을 관찰하였음을 말해 주었다. 어색한 문장이 만들어지기도 하였는데, 어쨌든 아이가 "엄마는 저기에 인다[9]"로 말하면, 나는 "그리고 넌 여기에 있지"라는 말로 받아 주곤 했다.

마침내 어머니와 아이의 분리는 비록 서서히였지만, 받아들여졌

---

9) '있다'의 의미로 한 말.〔역주〕

음을 언급함으로써 이 이야기를 여기에서 접으려 한다. 물론 뒤에서 다시 다뤄질 수도 있겠지만. 결론적으로 이 남자아이는 어머니와 함께, 아니 어머니를 위해 특수한 언어를 만들어 냈고, 그럼으로써 서로 분리될 수 없는 모자 관계를 형성하였던 것이다.

하지만 이 사례로 미루어, 모든 언어지체 현상을 어머니와 아이 간의 분리불안 문제로 귀속시켜서는 안 될 것이다. 다른 많은 요인들이 개입될 수 있음을 염두에 두어야 한다. 하지만 마르코의 경우——다른 많은 경우들을 포함하여——어머니와의 분리에 대한 두려움이 주 원인이었다.

그렇다면 어머니와의 분리가 왜 이다지도 힘든 것일까? 비슷한 장애를 겪는 사람들을 관찰한 결과, 무수히 많은 다른 상황들이 원인이 됨을 알 수 있었다! 어떤 엄마들은 자신의 첫아이의 출생에 너무나 감격한 나머지, 아이와 감히 떨어져 있다는 것을 상상도 못하게 된다. 아이를 '자신의 피와 살로 만든,' 자신과 하나인 존재로 느끼는 것이다. 또 어떤 엄마들은 자신이 더 이상 다른 아이를 갖지 않을 것이라 생각하고, 하나뿐인 그 아이를 영원히 아기로서 곁에 두고 싶어 하는 욕망을 갖고 있기도 하다. 또한 부부 사이가 멀어질 경우 '어머니와 아이'라는 2원 관계가 정립되고, 더 이상 자신을 이해해 주지 않고, 이해할 수도 없는 남자와의 고통스러운 관계 이외에 삶을 계속하게 해주는 연결고리로서 아이가 작용하게 된다. 힘들고 고통스러운 슬픔에서 자신을 방어하기 위한 수단으로 종종 어머니들은 아이에게 매달리는 방법을 선택하게 된다. 남편과 헤어진 후, 사회적으로 불안감을 느끼는 어머니들은 확실한 것이라곤 자신이 보호해야 하고, 사랑해 줘야 하는 아이밖에는 아무것도 없는 것이다.

이러한 점은 우리 사회 대부분의 가정들에서 거의 반박의 여지가 없다. 서로 떨어질 수 없는 어머니와 아이 간의 결속에 일반적으로 강조점을 두고 있긴 하지만, 그것이 유일한 것만은 아니다. 슬픔에 빠지고, 불안감에 휩싸인 채 홀로 남겨진 아버지는 그 또한 아이를 독점하고, 아이만을 바라보면서 살아가게 되는 경우가 종종 있다. 둘만의 보호막, 아니 경우에 따라서 보호막이 아니라 오히려 해가 될 수도 있는 고치 속으로 자신들을 은폐하면서 말이다. 원인은 동일하다. 단지 아버지와 아이의 결속은 전자의 경우보다 흔하지 않을 뿐이다.

이런 모든 경우에 있어서 반드시 해결해야만 하는 것은, 바로 아프지만 겪어내야만 하는 분리의 과정이다. 어머니나 아버지만 이해할 수 있는 언어로 말을 하는 아이는 실제로 헤어질 때 하는 말들의 의미를 이해하지 못한다. 혼자만의 언어, 다른 한 사람만 이해할 수 있는 언어로 말한다는 것은 자신의 세계에, 즉 둘만의 세계에 빠져 있다는 의미이다. "우리는 늘 함께 있어요. 우리 둘밖에 없어요. 우리는 곧 한 사람이죠."

가끔씩 연인들의 언어도 비슷한 속성을 갖지만, 그들은 이미 다른 사람들의 언어를 알고 있고, 이해할 수 있다. 그들이 주고받는 애정 어린 말과 그들을 하나로 묶는 행동들, 속삭임 속에서 그들은 결속감을 느낀다. 하지만 일반적으로 연인들은 서로 헤어짐의 가능성을 알고 있고, 두 사람 이외의 타인의 존재를 인정하며, 다른 세상이 있음을 받아들이고 있다. 만약 그렇지 않다면, 그들도 심리적인 장애와 멀리 있지 않다!

아직까지 완전한 분리를 경험하지 못한 아이는 끊임없이 애착 대상과의 분리가 미루어지기를 바란다. 마르코가 어머니의 바짓가랑이에서 벗어나, 그때까지 붙잡고 있던 그녀의 옷자락을 손에서 놓고, 가까운 거리나마 떨어져 있게 된 것은 내가 중간에서 전환의 기회를 마련했기 때문이고, 또한 그것은 어머니가 눈에 보이는 장소에 있었기 때문이다. 아이가 나와 함께 말을 하려고 한 것은 잠시나마 내가 어머니의 자리를 대신할 수 있어서였고, 그것은 어머니와 나와의 공모가 성립되었기에 가능한 일이었다. 나는 아이의 요구를 이해했고, 그것을 정상적인 언어로 표현하면서 받아 주었다. 나는 아이가 가리킨 물건들을 가져다 주었다. 아이의 욕망은 그 물건들에게로 온통 쏠려 있었는데, 그 욕망은 아이가 어머니를 원하는 것만큼이나 강한 것이었고, 나중에는 아이 스스로가 욕망의 상징이 되어 버렸다.

회를 거듭함에 따라 아이는 정체됨이나 고착, 마비, 종알거림, 정상적인 언어의 부재 상태에 머무르지 않고도 어머니와의 관계를 유지할 수 있게 되었다. 이것은 어머니에 집착하는 아이의 경우 두 사람의 애정에 아무런 해를 입히지 않고도 바람직한 관계로 전환되고, 문제가 풀릴 수 있다는 가능성을 제시해 준 사례이다.

아빠가 내 곰인형을 내다 버렸어요

제레미는 내 사무실로 들어오면서 말했다. "정말 엄마, 아빠는 너무 해요. 내가 성탄절 동안 스키를 타러 갔다 온 틈을 타서 내 방을 싹 정리해 버렸어요. 엄마, 아빠는 침대 위에다 새로 사온 선물들을 올려 놓았죠. 하지만 선반 위며, 정리함 속에 있던 내 물건들을 모두 치워 버렸어요. 덕분에 방은 깔끔해졌지만, 내 의견은 한 번도 물어보지 않았어요. 제가 불만을 말하자 부모님은 '넌 이제 열 살이야. 더 이상 그런 자질구레한 장난감들은 필요없잖니!' 라고 말씀하셨어요. 어쩌면 '그런 더러운 물건들……' 이라고 말했을지도 몰라요. 확실히 기억은 안 나지만, 어쨌든 그렇게 생각하고 있는 것같이 느껴졌어요." 제레미는 화가 나 있었고, 나와 상담하는 내내 자신의 분노를 토해내느라 바빴다. 아이는 소리를 지르고, 따지고 들었으며, 발을 구르다가 다시 침묵하곤 했으며, 결국엔 눈물을 글썽였다. "돈으로 따지자면 그것들이 아무 가치도 없는 것들임은 분명했지만, 다 낡아빠진 것들임에 분명했지만, 그리고 내가 다시 갖고 놀지도 않을 것임이 분명했지만, 어쨌든 그것들은 모두 내 거였다고요." 마침내 내가 말할 기회를 얻었다. "그 물건들, 네 장난감들에 대해서 이야기를 좀 해주겠니? 어떤 것들에 대해서 생각하고 있니?"

제레미는 우선 몇 년 전부터 상자 깊숙한 곳에 보관되어 있던 헝겊 인형에 대해 이야기하기 시작했다. "엄마, 아빠는 그것이 헝겊조각으로 만든 낡은 인형일 뿐이고, 다행히 이제 더 이상 갖고 놀지도 않는다고 말했어요. 그렇긴 하지만, 그건 어쨌든 제 거였거든요."

아이는 다 부서진 장난감 자동차와 다른 인형들에 대해서도 말했다. "엄마, 아빠는 제일 덩치가 큰 헝겊 인형 두 개만 남겨 놓았더라고요. 원숭이하고 기린이요. 그건 다행스런 일이죠. 하지만 다른 것들도 모두 다 제 거란 말이죠."

시간이 지나자 아이는 조금씩 진정이 되었다.

성탄절을 맞아 부모가 선물한 새 테이블은 정말 예뻤다. 하지만 컴퓨터는 이제 열 살짜리 아이에겐 더 이상 비밀스런 물건이 아니었다. 아이는 비디오 게임도 즐긴다. "어쨌든 다른 변명들은 모두 이유가 안돼요. 그것들은 모두 제 물건이니까요."

아이는 계속 같은 말을 반복하고 있었다. 자기 물건을 놓고 다른 사람이 버릴 것인지 말 것인지를 결정할 수는 없다는 얘기였다. 그라면 아무것도 버리지 않았을 것이다. 나는 조심스럽게 물어보았다.

"네가 버릴 것과 갖고 있을 것을 선택해야 한다면 어떻게 했겠니?"

"전부 다 갖고 있는 것을 택했을 거예요. 모두 다 제 것이니까요."

마치 자기 몸의 일부, 팔 하나, 다리 하나, 신체 어느 부위가 잘려 나간 듯이 그는 계속해서 "그건 내 거였어요!"라고 말했다. 그 말은 "모두 다 내 거였다고요! 나한테서 그것들을 영원히 빼앗아 가면서, 나를 불구로 만들었어요"로 들렸다.

이 이야기를 쓰면서 나는 다락방을 청소하다 발견한 나의 오래된 헝겊 인형에 대해 생각하게 되었다. 나는 연민을 느끼며 다 빠져 버려서 몇 가닥 남지 않은 인형의 헝클어진 금빛 머리카락을 쓰다듬었다. 찌그러진 코와 불그스레하다가 이젠 손때로 시커멓게 변한 볼을 만져 보았다. 어머니와 언니가 낡아진 곳을 수선해 주었었는데, 여기저기에 천이 닳아서 구멍 난 곳이 많았고, 상처가 난 틈으로 몸통을 채우고 있던 충전재가 삐져나오려 하는 부분도 있었다. 어머니는 마치 성형을 하듯 꼼꼼한 솜씨로 내가 제일 아끼던 그 인형의 피부를 조각조각 꿰매 주시곤 하셨다. 한마디로 말하자면, 그 인형은 누더기였다……. 하지만 난 그것을 쓰레기통에 던져 버릴 용기가 없었다. 세월이 흐름에 따라 그 모습은 기운 상처와 수술 자국들로 뒤덮였지만, 나는 그것에서 백화점 진열대에 놓여 있는 야무지게 컬이 살아 있는 머리카락에 예쁜 모자를 쓰고, 눈부시게 화려한 붉은빛 드레스를 입고 있는 멋진 인형의 모습을 보곤 하였다. 그 인형은 내 어린 시절 어느 성탄절 밤에 마술처럼 나를 찾아와, 내 신발 속에 들어 있었으며, 다음 날 아침 그것을 발견한 내게 커다란 기쁨을 주었다. 지금은 다시 가볼 수 없는 먼 나라의 우리가 살던 집에서. 자클린──그 인형의 이름──은 가장 소중하고, 내가 애지중지하는 인형이었으며, 반대로 탈루스──이름도 괴상한──는 심술궂고, 보기만 해도 기분이 나빠지는 인형이었는데, 언젠가 갖고 나갔다가 잃어버리고 들어온 후에 아무런 슬픔도 느끼지 않았던 것으로 기억한다.

우리 가족이 프랑스로 돌아왔을 때 나는 여섯 살이었고, 자클린은 배를 타고 오는 내내 나의 슬픔과 두려움, 경탄을 함께 나누었다. 나는 자클린에게 '눈의 여왕' 이야기를 계속 읽어 주었고, 자클린도 그 이야기를 너무나 좋아하였다. 하지만 오랜 여행과 악천후, 이동중에는 가방 속에서 눌린 채 있어야 했던 자클린은 그러는 동안 몸이 많이 상하였다. 나의 언니는 마치 인형들의 외과 의사가 된 것처럼, 망가진 인형들에게 아름다움을 되돌려주곤 하였다! 세월은 흘러 자클린은 침대에서 내 장난감 상자로 자리를 옮겼고, 장난감 상자에서 다락방의 보물 상자로 옮겨가게 되었다. 다락방은 자클린이 자신을 낡아빠진 헝겊 인형 이상의 어떤 것으로 봐주지 못할 누군가에 의해 발견되어 결국엔 쓰레기장으로 가게 되기 전까지 머무르게 될 마지막 장소가 될 것이다. 한 가정에서 다락방이 있다는 건 얼마나 다행스런 일인가![10] 다락방이란 공간은, 삶이 변화하고 이사를 가게 되더라도 비교적 변화를 덜 겪는 안정된 공간에 해당된다. 하지만 오늘날의 생활은 지나치게 유동적이라, 다락방이라는 공간 자체를 생략하는 경우가 많다. 심지어 집을 처분할 때, 그 내용물까지 함께 포기해 버릴 때도 있다.

가까운 친구들이 아이들을 데리고 우리 집에 놀러온 적이 있다. 집을 여기저기 둘러보면서 그들은 오래된 계단 하나를 발견했다.

"이게 뭐예요?"

"다락방으로 통하는 계단이야."

"다락방, 다락방!" 아이들은 소리를 지르며 곧바로 계단을 올라갔다. 오래된 트렁크며 인형 상자, 먼지에 뒤덮인 작은 요람, 낡은 의자 등을 아이들은 만져 보았다. 그곳에서 아이들은 오랜 시간 내려올 줄을 몰랐고, 거기가 집 안에서 가장 매력적인 장소가 되었다. 게다가 우리 딸아이들은 우리에게 다락방을 절대로 없애서는 안 된다

---

10) G. Bachelard, 《공간의 시학 La Poétique de l'espace》, Paris, P.U.F., 1954 참조.

고 엄포를 놓았다! "다락방 안에 있는 물건들은 특히 손대지 마세요! 좀 어질러져 있으니까 정리하는 건 괜찮아요. 하지만 너무 깔끔하게 정리해 놓진 마세요. 그리고 특히, 아무것도 버리면 안 돼요. 절대로!" 아주 힘들게 설득한 끝에 '너무 망가져서 도저히 어쩔 수 없는 몇 가지 것들'만 겨우 치워 버리는 데 성공하였다.

다락방은 세월이 켜켜이 쌓여 있는 곳이다. 자기 자신의 흔적이 안전하게 보존되는 곳이고, 우리 이전 조상들의 흔적 또한 그곳에 있다.

세월은 유수와도 같다. 모든 것은 변화한다. 일회용이 기성품과 짝을 이루어 판을 친다. 모든 것이 그런 식이다. 하지만 우리 아이들은 이런 사물들의 헛됨 속에서 자기 자신까지 무가치하고, 허망한 존재로 느끼게 될지도 모른다. 왜냐하면 우리 생활의 일부분을 차지하고 있는 물건들을 단순히 쓰고 버리는 소모품으로만 여긴다면, 그것을 사용하고, 그것들과 함께 생활하고 있는 우리 자신 또한 무가치해질 것이기 때문이다.

진정한 성찰이 필요하다. 즉 버려질 것들에 대한 무관심을 어떡하면 막을 수 있을까? 어떡하면 아이들이 유년기에서 청소년기로, 어른으로 성장하게 해주는 여러 가지 물건들에 대한 애착과 동화, 감정 이입과 같은 필수적인 성장 과정들을 정상적으로 거쳐 갈 수 있을까? 이젠 사라진 다락방을 다시 만들어 낼 수는 없을까? 어쩌면 살아 숨쉬는 상상력의 힘을 빌려서, 혹은 생생한 기억의 힘을 빌려 가능할 수 있을지도 모르겠다.

나는 마흔 살의 한 남자에 대해 말하려 한다. 그는 자신의 일에 대한 책임감이 강한 사람이었는데, 정서적인 문제로 다소 고통을 겪고 있었다. 그는 어린 시절이 유복하였지만, 지나치게 엄격한 생활이었다고 기억하고 있었다. "집에서는 마음대로 웃지도 못했어요. 아버지가 너무나 엄한 분이셨어요. 어머니도 마찬가지였고요. 다섯 남매가 부족함이 없이 컸지만, 아주 혹독한 어린 시절을 보낸 것으로 기억이 됩니다."

치료가 거듭됨에 따라 다른 기억들이 돌아오고 있었다. 그는 밤에 꿈을 많이 꾸었는데, 나와의 상담중에도 자신의 상상력과 기억력에 의지하여 백일몽을 꾸게 되었다.[11] 자기 생의 여러 가지 사건들이 갖는 예전에 미처 깨닫지 못했던 의미와 예상치 못한 이미지들과 마주친 그는 어이없어하고, 흥분에 빠지기도 했다. 어느 날 상담 도중 그는 장난감 가게 안을 서성이고 있는 자신을 보고 있다고 말했다. 비디오 게임팩들이 진열된 진열대를 지나, 유아용 장난감 코너로 가고 있었다. "너무 멋져요. 내 주변이 온통 인형들로 가득 찼어요. 모든 것이 반짝이고, 황홀하게 아름다워요. 기린도 있고, 원숭이도 있고, 표범도 있어요. 그 한가운데로 내가 걸어가고 있어요. 마치 무언가를 찾고 있는 것처럼……." 그리고 그는 오랫동안 말이 없었다. 그가 말을 다시 시작했을 때 그의 목소리는 떨리고 있었고, 거의 울음을 터뜨리기 일보 직전이었다. "보여요. 거기에 있어요. 내 곰인형이 보여요. 아버지가 내다 버린 내 곰인형이요. 내가 학교에 간 동안 아버지가 그것을 버렸어요. 집에 돌아온 나는 남은 하루를 그것을 찾아다니는 데 다 보냈어요. 하지만 끝내 찾지 못했죠. 아버지께선 말씀하셨어요. '그걸 찾아다닐 필요는 없다. 내가 이미 쓰레기장에 버렸으

---

11) N. Fabre, 《꿈의 반영 *Au miroir des rêves*》, Paris, Desclée de Brouwer, 2001.

니까. 팔 한쪽은 아예 떨어져 나가고, 다른 한쪽도 덜렁거리고 있었어. 네 나이에 그런 걸 갖고 놀다니 우습지도 않니……' 하지만 난 그 곰인형을 너무나도 아꼈었어요. 그때 내가 열 살이었던 걸로 기억하고 있어요. 아버지가 내 곰인형을 버렸어요. 그는 그럴 권리가 없어요. 쓰레기장을 모두 뒤졌지만 찾을 수가 없었어요. 그런데 그 곰인형이 바로 여기에 있네요. 한쪽 팔은 여전히 덜렁거리고 있지만… 이상하게도 그것이 너무나 아름답게 보여요. 마치 왕좌에 앉아 있는 것처럼 눈이 부셔요. 이렇게 울고 있는 내가 너무나 바보 같아요. 하지만 내 곰인형이 분명해요. 이제야 찾았어요!"

이후의 연상에서 그는 '한 아이가 감당하기엔 너무나 엄청났던 그 슬픔'에 대해 계속해서 이야기했다. 그는 의무감이 강한 사람인 아버지에 대한 책망을 세세하게 늘어놓았으며, 그가 '의무적인 계절 학교'에 가기 위해 강제로 집을 떠날 때도 눈물을 보인 것에 대해 못마땅해하시던 아버지를 회상하였다. 그의 아버지는 아주 오랫동안 밤마다 잠자리에서 자신의 친구가 되어 준 소중한 곰인형을 아무렇지 않게 내다 버린 매정한 사람이었다. "아버지는 나를 단련시키려 하셨어요. 내가 하기 싫은 일을 억지로 하게 만들면서 말이죠. 그는 내가 기숙학교에서 적응하지 못하는 것을 결코 이해하지 못했어요. 그는 내가 따라갈 수 없을 정도로 빠른 속도로 얼른 성장하기를 기대하셨어요. 아버지는 나를 집으로부터, 내가 아직도 필요로 하는 어머니로부터 떼어 놓았고, 더 이상 영원히 돌아볼 수도 없게 만들었어요. 그는 내 곰인형을 버렸어요. 그는 아무것도 이해해 주지 않아요! 나는 아버지를 결코 용서할 수 없어요!"

언젠가는 그도 아버지를 용서할 수 있는 날이 오리라……. 하지만 예민한 감성을 가진 아이였던 그에게 곰인형 사건은 매우 큰 의미로 그의 유년기 속에 자리잡고 있다. 그의 아버지는 그가 얼마나 여린 감수성을 가진 소년이었는지를 알지 못했던 것이다. 그의 아버지는 아이가 애착을 갖는 물건의 중요성을 깨닫지 못했던 것이다. 그는 단지 아이를 곰인형과 떼어 놓음으로써, 아이가 집착하는 모든 유아기와 관련된 것들로부터 멀어지게 하고자 했던 것이다.

너무 일찍 곰인형을 빼앗겨 버린 그 옛날의 유약한 꼬마 소년은 성인이 된 오늘, 모든 애착 대상에 대해 지나치게 의심하고, 헤어짐에 대해서는 질투심을 드러내는 사람으로 성장하여 있었다.

짐가방을 잊지 말고 잘 챙겨야 해

사람들은 이민과 이민자들에 대해 많은 이야기를 한다. 이미 50년 전부터 '이주민들'에 대해 이야기해 왔듯이. 나는 매우 조심스럽게, 그리고 존중과 겸허함으로 이 문제를 다루려 하는데, 그것도 몇 가지 경우로 국한하여 다루고자 한다. 즉 '고국'을 떠나 다른 나라로 살러 온 부모와 함께 프랑스에 오게 된 아이들의 경우만을 여기에서 다루려 한다.

자신의 나라에서 더 이상 살 수 없게 되어 조국을 떠나온 보트 피플이 있고, 살고 있던 집이 파괴되고, 추위와 공포, 기아에 시달리고, 부모와 연고를 잃어버린 아이들에 대해서도 말해야 할 것이다. 내가 직접 경험한 일은 아니지만, 그런 아이들을 보살피고, 도움을 주고, 구호활동을 하는 이들의 말에 귀기울이고자 한다.[12] 다른 한편으론 이민 가정의 아이들 중 비교적 좋은 환경에 있는 아이들도 만나 보았다.

페드로는 여섯 살 때 부모님과 함께 프랑스로 왔다. 다른 친척들

---

12) B. Cyrulnik, 《진귀한 불행 *Un merveilleux malheur*》, O. Jacob, 1999 참조.

은 포르투갈에 남아 있고, 페드로는 매년 여름 부모님과 함께 그들을 방문하러 포르투갈로 갔다. 큰 문제는 없었다. 페드로는 조부모와 다른 사촌형제들과 완전히 이별한 것으로 볼 수는 없었다. 페드로는 여름이 끝나면 자신의 집으로 돌아간다. 페드로의 가족은 파리에서 잘 적응하고 살고 있으며, 그의 아버지도 고용주와 아무런 문제가 없고, 살고 있는 아파트도 쾌적한 편이다.

파리의 한 가톨릭 대학원의 학생이 이민자들의 2세에 관한 논문을 준비하고 있었고, 그 학생을 통해서 나는 페드로를 알게 되었다. 우리는 자료 사진들을 준비하여 십여 명의 아이들을 인터뷰하였는데, 그 아이들에게 여러 장의 사진을 보여준 다음, 그것들을 보고 생각나는 이미지를 이야기로 만들어 보게 하였다.[13] 테스트 도중, 그 아이들에게서 짐가방과 이동이라는 단어가 계속해서 나왔다는 것이 참으로 놀라운 결과였다.

길이 보이는 사진에서 페드로는 그 길이 고국을 향하는 길이라고 단언했다. 하지만 그 길은 너무 좁아서 "차가 지나갈 수 없으니, 모든 짐을 등에 짊어진 채 걸어가야만 하는 길이다." 혹은 철도가 프랑스까지 이어져 있긴 한데, "자기 짐을 잃어버리지 않게 정신을 바짝 차려야 한다"고 말했다. 실험에 참가한 모든 아이들에게서 동일하게 '이동'과 관련된 문제가 은연중에 수면 위로 떠오르고 있었다. 이동에는 언제나 갖고 갈 수 있는 것과 그렇지 못한 물건 간의 문제가 발생하기 마련이다. 어떤 성격의 이동이건간에 가져갈 물건을 선

---

13) 심리학적 시험에서 주로 사용되는 TAT(Thematic Aperception Test)의 방식을 그대로 따름.

택해야 한다. 살기 위해 길을 떠난 피난성 이동에선 특히, 우리는 영속적인 성격의 물건들을 선택해서 가져가야 한다. 그러한 물건들은 우리로 하여금 이별을 완전한 이별로 받아들이지 않을 수 있게 해준다. 내 책, 내 플루트, 내 곰인형, 내 낡은 스웨터가 나와 함께 있기 때문에…. 이 장소에서 저 장소로 옮겨 다닐 때마다, 친숙한 물건들을 갖고 다님으로써 페드로와 그의 가족은 언제나 길 위에 있으면서도 정말로 조국을 떠나 있다는 느낌을 받지 않았을 것이다. 하지만 어쨌든 그들을 계속 따라다니는 것은 이별이라는 주된 경험이다. 그들이 사는 곳은 아니지만, 살고자 했던 장소와 늘 멀리 떨어져 있고, 그곳을 자주 찾아온다는 것은 그들의 주 근거지가 어딘지에 대한 혼란스러움을 가져다 준다. 파리에 살면서 매년 리옹으로, 보르도로 조부모와 사촌들을 만나러 친척 집을 찾아다니는 아이들에게도 똑같은 문제가 제기될 수 있다. 그들은 각 장소에 자기 마음의 일부를 떼어 놓고 오기 마련이다.

알랭 푸르니에는 이미 한 세기 이전에 이와 유사한 질문을 제기한 적이 있다. 그는 자크 리비에르를 위해 자신이 느꼈던 두 마을에 대한 각별한 애정을 분석한 적이 있는데, 한곳은 알랭 푸르니에 자신이 사랑에 빠진 곳이었고, 다른 한곳은 우정을 나누는 친구와도 같은 곳이었다. 즉 한곳에서는 열정을, 다른 한곳에서는 안정감을 느끼는 곳이었다. 하지만 두 장소에 동시에 있을 수는 없었기에, 그는 열정과 안정감을 번갈아 느끼면서 양쪽을 이동했던 것 아닐까? 모나의 말에서도 그런 점을 느낄 수가 있다. "나는 파리를 좋아해요. 하지만 그게 나를 괴롭힐 때도 있어요. 러시아를 잊어버릴까 봐 겁이 나요. 또 러시아에 있는 우리 집에 가면 파리를 더 이상 생각하지 않게 될까 봐 겁이 나요. 바보같지만 언제나 그렇게 되어 버려요.”

이 모든 것들이 페드로에게는 더욱 힘들게 느껴질 것이다. 포르투갈을 떠날 때 그는 한 장소를 떠난 것이고, 포르투갈의 언어와 조국에 대한 귀속감을 버리고 갔다. 하지만 그곳은 페드로의 부모가 아이들과 함께 언젠가는 돌아와서 정착하고 싶은 곳이기 때문에, 포르투갈은 그들에게 약속의 땅이자 잃어버린 낙원이다. 페드로가 프랑스로 돌아올 때면, 그는 1년 내내 자신이 말하던 프랑스어를 다시 말하고, 학교에서 친구들을 다시 만난다. 아마도 미래에 대한 설계도 이곳을 기준으로 하고 있을 것이다. 왜냐하면 프랑스는 그의 부모가 이민을 결심하고 온 이후로 그들에게 또 하나의 약속의 땅이 되었으므로. 페드로는 이별과 재회, 재회와 이별이 반복되는 한, 또한 떠남과 정착, 정착과 떠남이 반복되는 한 더 이상 어느 곳이 약속의 땅이고, 어느 곳이 낙원인지 구분하지 못할 것이다.

어떤 사회 집단이나 어떤 나라에서 문제가 되는 것이 모든 인류에게 다 같이 문제가 된다고는 할 수 없다. 직업적인 유랑은 가족과 아이들의 유랑생활을 야기한다. 언젠가 헤어질 것을 내포하고 있는 미래는 어떤 사람들에게 견뎌내야 하는 시련처럼 계속해서 나타나고, 그러한 습관은 오늘날과 같이 끊임없이 유동적인 세상으로부터 유래한다. 우리 아이들이 이별을 통해서 자기 자신을 성숙시킬 줄 알고, 자신을 잃지 않는다는 것은 매우 다행스런 일이다. 나는 이동을 야기하는 이러한 이별들이 아무런 고통 없이 진행되고, 헤어짐이 인생의 전개에 있어서 별다른 영향을 미치지 않는다고 생각하는 것 자체가 참으로 이상하게 여겨진다. 이 아이들이 어른이 되어서 애착이라는 심성을 심화시킬 수 있는 기회를 잃게 될까 봐 나는 염려가 된다. 구속하는 관계를 단절하는 방법을 배우는 것은 바람직한 일이다. 하지만 이리저리로 상황에 떠밀려 물결처럼, 파도처럼 아무런 연결고리 없이 살아가는 것은 위태로운 일이다. 이별을 학습하면서 동시에 본질은 잃지 않는 방법을 배워야 하지 않을까? 또한 사물과 사람의 중요성에 대한 인식을 가져야 할 것이다. 그러기 위해선 적응 능력을 기르는 동시에 기억의 도움 없이는 불가능한 추억 만들기에 주력해야 한다. 그것이 미래를 향해 나아가고, 스스로 창조하는 자를 위한 단단한 토대가 된다.

20세기말에 나온 로드 무비나 방랑을 그린 이야기들이 나의 주장을 뒷받침해 준다. 잘 알고 있는 것으로부터 출발하여 미지의 것을 향해 나아가는 것은 더 잘되기 위해, 새로운 것을, 최고의 것을 찾기 위해, 참기 힘든 것들로부터 자신을 구출해 내기 위해서이다. 과거는 하나의 지표로 작용한다. 원래 갖고 있던 것들이 좋은 것이든 나쁜 것이든 그것은 상관없다. 과거를 잊고 아무 계획 없이 방랑하는 것, 만남과 사건들에 따라 정처 없이 떠나는 것은 완전히 새로운 경험의 세계로 발을 내딛는 것이고, 그곳에서 과거의 지표는 모두 사라지고 구조될 수 있는 가능성도 없다.

한때 우리의 일부였던 떠나온 과거에 근거하는 상상의 세계를 키워가는 것은 아직 잃어버리지 않은 우리 자신의 일부가 계속해서 살아 숨쉬는 미래를 만들 수 있게 해준다. 자발적으로 혹은 강제로 헤어졌는지와는 무관하게, 우리의 과거는 우리 미래의 부식토가 되어 준다. 이별은 선택하는 것이기도 하고, 혹은 그저 감내해야 하거나, 스스로 바라는 것이거나, 두려움의 대상이 되기도 한다. 우리 앞의 삶이 우리가 겪어온 경험들로 더욱 풍성해질 수 있기 위해 어떤 상황에서든 이별을 소중하게 다루어야 한다.

한나 아렌트는 자기 조국과의 이별이 모국어의 중요성을 깨닫게 해주었다고 쓰고 있다. 그녀가 갖고 떠나온 모국어란 것은 만져지지는 않지만 자기 내부에 깊숙이 자리잡고 있는 것으로, 언제까지나 그것의 보유자로, 주인으로 남아 있을 수 있는 어떤 것이다.

강제 이주나 망명을 경험한 모든 사람들은 문화의 중요성을 잘 알고 있다. 문화란 어디든 동행할 수 있는 것이다.[14] 이민자들 중에서 학자와 연구자, 예술가, 심지어 훌륭한 요리사가 많다는 것은 그리 놀랄 만한 일이 아니다. 음식도 분명 하나의 문화이기 때문에.

아렌트가 국적이 다른 여러 나라의 이주민들이 뒤섞인 지역의 한 학교에서, 아직도 프랑스어를 다 깨우치지 못한 학생들에게 음악을 가르친 적이 있었는데, 그때의 이야기를 내 딸들 중 한 명이 내게 들려준 적이 있다. 그녀는 학생들에게 각자 자기 나라의 민속 음악을 연주할 수 있는 악기를 가지고 오라고 한 뒤, 모두의 앞에서 연주하고 서로 들어보게 하였다. 학생들의 손에 들려온 각 나라의 민속 문화가 서로 교환되고, 존중되고, 번갈아 가며 연주해 보는 기회가 제공된 것이다. 그 이후로는 다 함께 스스럼없이 모차르트를 듣고 감상할 수 있게 되었는데, 이젠 그들 중 단 한 사람도 자기 속에 남아 있는 각자 떠나온 조국의 문화를 업신여기지 않게 되었기 때문이다.

2년 동안 수업을 같이 들었던 내 단짝 친구 유대계 독일인 마리안 O.의 얼굴이 떠오른다. 그녀는 보다 안전한 나라로 떠나기 위해 잠시 프랑스에 머무르고 있는 중이었다. 그녀가 프랑스에 도착했을 때

---

14) J. Semprun, 《글쓰기 혹은 삶 L'Écriture ou la vie》, Paris, Gallimard, 1995 참조.

그녀는 독일어밖에 말할 줄 모르는 상태였다. 그런데 그녀는 열심히 공부하였고, 곧 학급에서 1등을 차지하게 되었다. 프랑스어에서조차! "지적 능력만이 우리에게 남은 전부이다. 지식까지 포함하여!" 자신감과 절망감이 뒤섞인 어조로 그녀는 말했었다. 즉 어느 누구도 그들에게서 문화를 빼앗아 갈 수는 없었다. 그녀는 또한 또래의 우리들에 비해 사고에 있어서도 성숙함과 독창성을 지니고 있었는데, 그러한 성숙함과 독창성은 그녀가 어디에 있든지 그녀의 삶을 더욱 풍요롭게 만들어 주었으리라 믿는다.

페드로처럼 그녀도, 이동을 해야 할 경우엔 이동을 도와주는 물건들과 함께 자기 자신을 잃지 않게 해줄 물건을 소지하고 다녀야 한다고 말했다. 하지만 '지식'과 함께 문화, 추억, 언어 습득 등, 자기 내부에 보다 확실한 어떤 것, 넣어가기 위해 굳이 가방이 필요하지 않는 어떤 것이 있음을 마리안은 알게 되었다. 그것은 언제나 휴대할 수 있고, 개인적이면서도 모든 이를 위한 것이기도 하다……. 위니코트는 인류 문화의 시작이 어린아이가 처음으로 그 용도를 만들어 낸 최초의 상징적인 과도기적 물건에서부터 비롯되었다고 말하지 않았던가?[15]

---

15) D. W. 위니코트, 앞에서 나온 책 참조(《유희와 현실》).

저 멀리서 온 이 냄새

  이번에는 전혀 달라 보이지만 비슷한 문제인 먼 다른 나라에서 입양되어 온 아이들의 이야기를 해볼까 한다. 그 아이들은 완전히 다른 문화를 가진 나라에서 그들을 기다리고, 맞아들인 완전히 다른 세계인 한 가정으로 입양되었고, 입양된 후로도 오랫동안 다른 문화로부터 느끼는 차이를 어쩔 수 없이 겪게 된다.

  나는 마티아스와 알리나, 디아나에 대해 이야기할 텐데, 이들은 다른 입양아들과 마찬가지로 처음에는 이별을 충격으로 받아들였지만, 곧 화목한 가정 속으로 융화됨으로써 새로운 곳에 뿌리내리고 적응하게 된 경우이다. 새 가족은 그들에게 안정된 집과 이름, 가족, 유산까지 제공해 준다. 한 인간으로서 가질 수 있는 진정한 뿌리를 선사한다.

  마티아스는 아이가 없는 '창백한 얼굴'을 한 가정에 어두운 피부를 가진 하나의 선물처럼 주어졌다. 아이는 자신에게 생명을 준 부모로부터는 한 번도 받아 본 석이 없는 넘치는 애정과 기쁨을 양부모로부터 받았고, 그들에게 마티아스는 지금까지의 염원을 일시에 충족시켜 주는 존재였다. 알리나는 이미 아이가 둘 있는 가정에 입양

되었는데, 그 가정은 그들의 다섯번째 침대를 집 없는 아이에게 나눠 주고 싶어 하였다. 그들은 버려져서 갈 곳이 없는 아이에게 줄 여분의 사랑이 그들 속에 남아 있음을 느꼈기 때문이다. 디아나 역시 먼 나라에서 입양된 아이인데, 피부색은 달랐지만 타고난 명랑함을 지니고 있었고, 자신에게 주어진 삶에 감사할 줄 아는 아이였다. 디아나는 입양 전에 겪었던 6년간의 고통스러운 기억들을 잊지 않고 있었다. 그녀는 육체적인 괴로움과 영양 결핍, 정들었던 보모나 선생님과의 이별을 이미 경험한 상태였고, 그것은 마티아스도 마찬가지였다. 알리나만이 태어난 지 몇 주 만에 입양되어 그런 기억들을 갖고 있지 않았으나, 그녀의 어두운 피부색은 곧 자신이 자신도 모르는 다른 어딘가로부터 왔다는 것을 깨닫게 해줄 것이다.

다른 아이들과 마찬가지로 이 세 아이들은 자신이 입양아라는 사실 이외에도 한때 버려지고, 거부되었다는 사실을 알고 있기 때문에 그로 인해 야기되는 문제들을 안고 있음을 지적하고 싶다. 그 아이들은 친부모의 죽음이나 불행으로 인한 거부에 의해 원래 태어난 곳으로부터 이탈되어 나왔고, 알리나를 제외하고 마티아스와 디아나는 그곳에 대한 기억을 때론 흐릿하게, 때론 생생하게 기억하고 있었다. 피부색도 다르고, 전통도 다른 집단으로부터 떨어져 나와 전혀 다른 집단에서 성장하게 된 경우이다. 특유의 냄새를 가진, 특이한 맛을 지닌, 완전히 다른 몸짓을 하는 사람들로부터 분리되어, 그와 전혀 다른 생소한 곳에서 그 아이들은 성장하고 어른이 될 것이다.

세 아이의 양부모는 아이들을 출신 지역으로 데려가 그곳을 보여 주어야 할지에 대해 고민하고 있었다. 주변의 흑인 가정이나 아랍인 가정들에서 혹은 아프리카나 아시아, 아메리카 등에서 아이들은 자신과 비슷한 색의 얼굴들을 알아보곤 하였다. 여행에서 돌아온 알리나는 여행이 흥미롭긴 했지만, 나중엔 지루해졌다고 내게 말했다. 알리나는 여덟 살이다. 아이의 담임 선생님은 여행에 대해 이야기해 달라고 했지만, 아이는 딱히 말할 거리가 없다고 대답했다. "TV에서 볼 수 있는 게 다였어요." 한마디로 얘기하자면, 알리나는 자신의 뿌리가 그곳에 있다는 것을 알고 싶어 하지 않았다. 비록 알리나가 학교에서 다른 아이들과 다른 자신의 외모 때문에 고통받는다 할지라도, 알리나는 자신이 전혀 알지 못하는 그 나라에 대해 아무것도 알고 싶지 않았던 것이다. 왜냐하면 그 아이의 삶은 이곳에 있으므로. 알리나는 자신이 태어난 곳에서 자기 자신이 떨어져 나왔다는 것을 실감하고 있지 않았다. 알리나가 실제로 자신에 대한 이질감을 느낄 때는 다른 친구들이 자기에게 "너는 어디에서 왔니?"라는 질문을 할 때라고 한다. 바로 그런 식의 물음이 알리나를 지금 현재의 삶, 현재의 가족으로부터 분리시켰다. 마치 이렇게 직접적으로 말하는 것과 같다. "넌 여기 사람이 아니야. 그렇게 보여. 넌 완전하게 네 부모님의 딸일 순 없어." 일단 피부색부터가 부모님과 틀린데, 그러한 사실이 알리나를 매우 화나게 만들었다. 아이는 여러 가지 색깔의 네모 퍼즐이 있는 놀잇감으로 심리 치료를 몇 차례 받았는데, 그것은 아이의 불안 심리를 가라앉히고, 이해할 수 있게 해주기 위한 치료법이었다. 일종의 체커 놀이판처럼 게임을 할 수 있는 것이었는데, 그 놀이 도중 한 번은 알리나가 나에게 무슨 색깔을 좋아하냐고 물어보았다. 나는 그 중 아무 색깔도 고르지 않았고, 아이는 곧 자신이 무슨 색을 가장 좋아하는지를 생각해 보는 듯했다. 그러다가 결국엔 모든 색이 다 아름답다고 대답했다. 그런 뒤 또 어느 날 알리나는 '밤색'을 좋아하지 않는다고 말했고, 자신의 피부색은 밤색이 아니라고 말했다. 아이는 밤색을 어떻게 만드냐고 내게 물어보았고, 곧 팔레트 위에 자신이 직접 여러 가지 색을 섞어서 예쁜 밤색을 만들어 보여주었다. 마침내 우리는 알리나를 다른 사람과 구별되게 하는, 부모님과도 다르게 보이게 하는 피부색에 대해서 이야기할 수 있게 되었는데, 아이는 다음과 같이 결론을 내렸다. "내가 엄마와 다르게 생긴 건 사실이지만, 저는 엄마에게서 소탈한 성격을 물려받았고, 또 엄마처럼 요리하는 것도 좋아해요. 그리고 아빠처럼 수학을 잘 하고, 체육도 좋아해요." 비록 자신과 살고 있는 세상과 자신을 떼어 놓는 것이 있다 하더라도, 아이는 자신이 그 세상에 속해 있다는 사실을 분명히 해두고 있었다.

마티아스와 디아나는 이리저리 옮겨 다니는 불안했던 과거에 대한 기억을 갖고 있었고, 그 고통스러운 시간 속에서도 문득문득 떠오르는 그리운 얼굴을 기억하고 있었다. 디아나는 태어난 곳으로 돌아가 그곳을 보았을 때 행복감을 느꼈다. "다 기억이 났어요. 날 돌봐 주던 유모도 만났어요. 조금 울긴 했지만 이젠 끝났어요. 모두 다 둘러 보았고, 이제 다시는 그곳에 돌아가고 싶지 않아요."

마티아스는 매우 양면적인 성향을 보였는데, 자신이 태어난 나라를 보고 싶은 마음과 동시에, 보기를 두려워하는 마음을 갖고 있었다. 아이가 열두 살이 된 기념으로 그의 양부모는 아이를 데리고 그곳을 다시 여행하기로 결정하였다. "이번 여행은 두 가지 의미를 지니고 있었고, 반면 지난 번 여행은 한 가지 의미밖에는 없었어요. 우리가 그곳에 도착했을 때, 처음엔 냄새가 너무나 이상하게 느껴졌어요. 좋은 냄새 같기도 하고, 한편으론 역겹기도 했죠. 내가 알아볼 수 있는 물건들도 있었고, 그런 사실이 날 두렵게 만들기도 했어요. 나는 도착하자마자 곧바로 돌아오고 싶었죠. 하지만 난 요즘도 자주 그 냄새들을 떠올리곤 합니다. 난 그곳에 다시 돌아가고 싶지 않아요. 서른 살이 되면 다시 한번 가볼 생각입니다. 아버지는 제가 건축가가 되어서 어쩌면 그곳에 무엇인가를 지으러 갈 수도 있지 않겠냐고 하셨죠. 그전까지는 다시 갈 일이 없을 겁니다." 이렇게 말하면서 마티아스는 삶이 자신을 자신이 출생한 나라로부터 분리시켜 놓았다면 그것을 기억하고, 고통스럽긴 하지만 부인하지는 않겠노라고 단언했다. 그는 지금 현재의 가족들과 자신의 생활을 구축하고 있고, '그곳'에는 여기에서 배운 것들로 무언가를 이루기 위해 가지 않는 이상은 다시 가볼 일이 없을 거라고 말했다. 끈질기게 기억되는 그 냄새는 뇌리에 계속 남겠지만 말이다……

우리는 아기들이 냄새에 매우 민감하다는 사실을 들어서 알고 있다. 물론 아기들은 그것을 말로 표현할 줄 모르지만 말이다. 기억을 되살려 주는 냄새들과 다시 만날 때 마음이 들뜨는 것은 이상한 일이 아니다. 하지만 더 나아가서, 우리의 모든 감각과 연관되는 감각적인 세계에 사로잡혀, 자신도 모르게 다른 곳으로 빨려들어가게 되지는 않을지? 매일매일의 경험으로 점철된 현재에 의해 망각 속으로 사라져 버렸던 과거가 되살아나게 된다면? 그것은 이미 잘 알려진 프루스트의 마들렌 과자의 일화와 일치한다. 방금 제공된 뜨거운 차가 담긴 찻잔 속에 마들렌 과자를 적시는 순간, 소설 속 화자는 잊고 지내던 어린 시절 비스킷을 차에 적셔 먹었던 그 순간의 감각들이 마치 파도처럼 밀려와 강한 감정의 소용돌이 속으로 자신을 밀어넣는 것을 경험하게 된다. 태어난 나라의 냄새를 재발견하게 됨으로써 감정적인 동요를 겪은 마티아스를 보면서 나는 앙뒤즈[16]의 대나무밭을 함께 여행하자고 했던 내 오랜 친구를 저절로 떠올리게 되었다. 마치 열대 기후의 나라를 연상케 했던 그곳의 다리를 건너자마자, 나는 목구멍을 메어오는 습지대의 강한 냄새를 감지할 수 있었다. 식물들의 초록 내음이 나를 압도하는 듯했다. 그곳은 햇빛조차도 매우 강렬한 초록색이었고, 우리 모두는 그 초록색으로 일광욕을 하는 듯했다. 나는 곳곳에 솟아오르는 죽순을 향해 손을 뻗었다. 마치 그것은 내가 어렸을 때 다른 아이들과 함께 깨물어 먹거나 빨아 먹곤 했던 지팡이 모양의 막대 사탕처럼 보였다. 나는 그때 더 이상 다 큰 성인 여성이 아니었다. 내가 아직도 많은 부분 고스란히 기억하고 있는 여섯 살의 꼬마 여자아이로 돌아가서 푹신푹신한 땅 위를 걸으며, 마음껏 햇빛을 받고, 습한 열기와 습지대의 냄새를 만끽하고 있었다. 그 장소에 대해 내가 평소에 향수를 갖고 있었다고는 생각지 않는다. 나는 그곳으로 돌아가고 싶다는 생각을 한 번도 해본 것이 없기에. 단지 예기치 못한 갑작스러운 기회로 인해 그 모든 감각들이 내게서 폭발하듯 되살아났을 뿐이다. 그것으로 충분했고, 내 상상의 세계는 충만해졌다. 대나무밭에 갔던 그날처럼, 혹은 그 옛날의 식민지를 연상케 하는 어떤 장소에서, 여인들이 얇은 베일로 된 옷을 입고 끊임없이 부채질을 해대는 황금빛 색채의 영화 속 장면을 보면서 나는 다시금 내 안에서 오래된 감각이 되살아남을 느낄 수 있었다.

내가 아무런 미련 없이 잊고 있었던 오래된 감각들을 다시 떠올릴

---

16) 프랑스 남부의 님므 근처 지명. [역주]

수 있었던 능력과 내가 가진 상상력의 힘은 아마도 과거에 관련된 향수나 후회가 없었기 때문에 가능하지 않았나 싶다. 과거의 어떤 것도 손상되지 않았고, 내가 그때 당시 느꼈던 감정들을 되찾기 위해 꼭 그 장소에 돌아가야만 하는 것도 아니었다. 중요한 것은 사물이 아니라, 그것에 연관된 감정이다. 소중한 것들에 대해 나의 내부에서 간직하고 있던 것들은 영원한 것이다. 우리의 과거와 우리가 과거에 갔었던 장소에 관련된 감각들은 죽지도, 사라지지도 않는 것이기 때문에. 비록 우리가 공간적으로 그곳과 멀리 떨어져 있고, 시간적으로도 많은 세월 지나쳐 왔다 하더라도 말이다. 이것이 바로 《잃어버린 시간을 찾아서》의 화자가 발견해 낸 경이로움이다. 《되찾은 시간》에서 화자는 자신의 지나온 삶을 되새겨 보고, 추억들을 정리해 본 후에 이 점을 더욱 확신하게 된다. 마티아스 또한 그것을 깨달았다. 하지만 마티아스는 반신반의한다. 왜냐하면 그는 지금 살고 있는 세상에 뿌리를 내려야 하기 때문에. 현재 자신의 것인 새로운 경험들을 완전히 자기 것으로 만들어야 하기 때문에. 그 모든 것들에 자기 자신을 걸고 내던져야 하므로. 그는 자기 안에서 깨어난 감각의 강렬함에 이끌려 위험을 감수하고 싶지는 않았다. 비록 그의 부모가 그것을 되찾을 수 있게 허락해 주었을지라도 말이다.

그런 양면성 때문에 마티아스는 자신의 상황이 애매함을 토로하였다. 그는 선택을 함으로써 자신을 구제할 수 있었다. 그는 자신의 삶이 시작된 장소를 인정하였다. 그곳의 매혹과, 그의 처음 삶이 주는 비참한 감정 또한 인정하였다. 동시에 그는 그곳으로부터 멀어져야 할 필요성을 인정하고 받아들였다. 그는 자신에게 고통을 주고, 자신의 뿌리를 제공한 그 나라를 언젠가는 방문하게 될 것이다. 하지만 그곳이 아닌 다른 곳에서 자신의 뿌리를 확실하게 내린 후에야 그곳에 다시 갈 수 있을 것임을 알고 있다. 그는 예상하고 있다. 그 자신이 그곳으로부터 떨어진 곳에서 생활하고, 자리를 잡고, 마음대로 왔다 갔다 할 수 있는 성인이 되고, 어떤 의미로든 어디든 이동할 수 있는 어른이 되어갈 것임을 알고 있다.

양부모와 피부색이 같은 금발의, 밤색 머리의, 혹은 검은 머리의 아이들의 경우, 위와 같은 두 번의 이별은 겪지 않는다. 그렇다손 치더라도 그들 역시 언젠가 자신이 버려지고, 알 수 없는 어떤 비참한 상황 속에서 거부되었다는 느낌을 받을 수 있고, 다행히 그렇지 않더라도 최소한 어떤 의심이나 상처 같은 것을 받을 수 있다. 종종 그들이 겪은 비극이나 버림받음에 대해 죄값을 치르는 자가 그들을 맞아들이고, 사랑해 주고, 키워 준 양부모님이 될 가능성이 많은데, 현재 곁에 있는 부모라고는 양부모밖에 없으므로 그건 어쩔 수 없는 일이다. 또한 부모와 자식 사이에 문제가 발생했을 때, 다른 여느 보통 가족에게서와 마찬가지로, 아이들은 이런 상상을 하게 마련이다. '내 진짜 부모라면 나에게 이렇게 하지는 않을 거야!'

마르트 로베르는 프로이트에 뒤이어 말하길, 모든 아이들은 가족사에 관계된 일종의 소설 이야기를 하나씩 만들어 내고, 그런 출생에 관한 상상의 이야기가 실제 소설 작품의 원천이 되기도 한다고 했다.[17] 한 집안에서 태어나고 자란 아이가 자신의 부모가 자신의 친

---

17) M. Robert, 《기원에 대한 소설과 소설의 기원 *Roman des origines et origines du roman*》, Paris, Gallimard, 1976.

부모가 아닐지도 모른다는 의심과 부딪칠 때, 아이는 심한 단절감을 느끼게 된다. '병원에서 아기가 바뀌었는지도 몰라.' 혹은 '말은 안 하지만 분명 지금 부모님이 나를 유괴해 온 걸 거야' 등. 그러면서 아이는 지금보다 훨씬 나은, 훨씬 현명한, 모든 면에서 만족스러운 유전적 부모라는 존재를 만들어 내고, 현재의 부모와 스스로 멀어지려 한다. 그것을 믿기 위해 환상의 한가운데서 현실의 모든 주변 상황들을 깨부수어야 하고, 자기 자신에 대한 비판들조차 부인해야 한다. 내가 어렸을 때 내 언니가 나에게 '헤어짐-버림받음-입양'이라는 나의 가짜 과거를 말해 주어서 나를 울렸던 일이 기억난다. 언니는 내게 그 이야기를 해주면서 재미있어 했으며, 곧이어 나를 안심시키고, 위로하면서 더 즐거워했던 것 같다. "너도 알다시피, 너는 가족들 중 누구하고도 안 닮았잖아. 아빠, 엄마가 버려진 너를 주워다 기른 거야. 왜냐하면 내가 여동생을 너무너무 갖고 싶어 했거든!" 하지만 그 이야기를 꺼낼 때마다 사람들이 나를 발견하게 된 상황이 매번 달랐고, 그 때문에 나는 그것이 거짓말일지도 모른다는 생각을 할 수 있었다. 스스로 방어 수단을 찾기에 이르렀던 것이다. 그러나 내가 그럴수록 언니의 반박은 나를 늘 꼼짝 못하게 만들었고, 결국 나는 언니의 말을 믿어 버리게 되었다. 왕족이나 귀족이 아닌 하찮은 과거를 가진 내 자신 때문에 나는 기가 죽었다. 나는 나를 원하지 않았거나 혹은 비극적인 사고로 죽은 나의 첫번째 부모 때문에, 그리고 버려진 불행한 아기였던 내 자신 때문에 눈물을 흘렸다. 또한 지금의 선량하신 부모님이 내게 생명을 주신 분이 아니란 사실 때문에도 슬픔의 눈물을 흘렸다. 내가 나 자신이라고 받아들여야만 했던 그 불행한 아이에 대한 비참한 이미지에 대한 상상과 절망이 극에 달할 쯤에 언니는 나를 위로하며, 그 모든 이야기가 나를 놀리기 위해 자신이 지어낸 거짓말임을 털어놓았다. 나는 그 거짓을 순진하게 믿었던 것이다. 놀란 어머니는 언니를 야단쳤고, 내 눈동자의 색깔이 아버지와 똑같다는 것을 지적해 줌으로써 나를 안심시키셨다. 그것으로 나의 뿌리에 대한 의심은 일소되었다. 당시에 한 어린 아이의——내 언니의——머리에서 나온 생각이 얼마나 심하게 나를 괴롭혔던지!

그런 언니 덕택에 나는 내 자신의 기원에 대한 나만의 소설을 쓸 필요가 없었다. 모든 것이 완성된 채 내게 주어졌으니까. 난 그것에 내 스스로 뛰어들거나 아니면 나를 방어하거나 둘 중 하나만 하면 되었다. 그렇게 나는, 물론 실제 나의 상황은 아니었지만, 버려지고 입양된 아이의 삶을 잠깐 동안이나마 경험할 수 있었다.

소니아의 부모는 어느 날 소니아가 자기가 엄마, 아빠의 딸이 아님을 알고 있다고 선언하는 것을 듣고 깜짝 놀랐다. 아이가 말하는 증거는 그들은 갈색 머리인데 소니아만 금발이라는 것이다. 금발 머리를 가진 고모를 닮았다는 말은 아이에게 통하지 않았다. 그리고 자신이 친딸이라면 더 많이 사랑해 주고, 혼내는 일도 없을 것이며, 더 잘 이해해 주었을 것이라는 거였다. "엄만 내 친엄마가 아니에요!" 또 한 가지 확실한 증거는, 곧 태어날 여동생이 자신보다 엄마의 관심을 더 받고 있다는 것이다. "엄마 배 속엔 그 애가 있으니까, 내가 아니고 그 애가!"

이런 에피소드는 어린 시절 만들어 낸 공상들과 함께 다락방 속으로 쉽게 사라져서 잊혀질 수 있는 몽상일 뿐이라고 말할 수도 있다.

이 경우 아이가 실제 부모를 일정 거리를 두고 바라봄으로써 자신의 역할을 다할 시간적 여유를 가질 수 있게 된다. 역사적인 진실에서 어떠한 의심점도 발견하지 못하고, 문제는 사라진다.

반대로 입양된 아이가 자신의 뿌리에 대한 의문의 단계를 밟게 된 다면, 그 아이는 여러 개의 단절 사이를 표류하게 된다. 우선은 이미 자신의 과거 삶에서 있었던 첫번째 단절——그 이유가 무엇이었는 지는 알고 있을 수도 있고 모를 수도 있다——을 현재의 부모와도 다시 한번 반복해야 할 것인가 하는 의문이고, 다음엔 아이가 이해 하려 하지만, 아이에게 절망과 반항, 증오, 치유될 수 없는 슬픔을 주는 그 옛날의 단절을 어떻게 받아들여야 할 것인가이다. 자신이 옛날 한때 버려지고, 거부되고, 부인되었다는 사실과 지금까지 자신 을 길러 준 부모를 그 자신이 부인하고, 버리고, 떠나야 할지도 모르 는 상황 사이에서 갈등해야 할 것인가? 자기 스스로 상처를 주면서, 자신에게 상처 입힌 삶에게 복수를 다짐하는 것이 옳은 일일까? 성 장하도록 부추기는 동시에 더 이상 자라지 말라고 저지하는 부모를 향해 모든 아이들이 자연스레 느끼는 공격성을 정당한 것이라 말하 고, 따라야 할 것인가?

문제는 종종 부모 쪽에 있을 때가 많다. 그들은 아이에게 친부모 가 되지 못했다는 죄책감을 갖고 있다. 그러한 상처를 인정하고 치 유했다고 믿더라도, 그것은 그들에게 약점과 취약성으로 남아 있는 다. 또 다른 이들은 아이에게서 무의식적으로 더 많은 애정을 기대 하고, 그들이 없으면 아이가 잘살지 못하거나, 혹은 죽을지도 모른 다고 생각한다. 그렇기 때문에 이런 부모들은 아이가 그들을 향해 보 이는 공격성을 더욱 받아들이기 힘들어한다. 또한 아이가 양부모에 대해서 이해하기 힘든 어떤 특성들을 표출하면, 그들은 아이가 가진 그들이 알지 못하는 유전적 성격을 탓하려 하게 되고, 그것 때문에 아이가 나빠지고 있다고 생각하게 된다. '미리 알았더라면'이라는 말도 나오게 된다. 그러다 보면 어쩔 수 없이 아이와 부모 사이에 거리가 생기게 되고, 그 거리란 공격적인 동시에 절망을 내포하고 있다. 이런 거리는 단절만을 부를 뿐이고, 각 개인의 성장을 위해 필수적인 '바람직한 거리'와는 전적으로 다르다.

어떤 사람이 내게 해준 이야기가 나를 미소짓게 만든다. 한 부모가 그들의 딸에게 물었다. "네 친부모가 누군지 알고 싶지 않니?" 그들은 아이들이 자신의 출생에 대해 비밀스런 무언가가 있기를 바라는 욕망을 갖고 있음을 전제하고서 이런 물음을 한 것이다. 그러자 아이는 이렇게 대답했다고 한다. "내 친부모는 엄마, 아빠잖아요!"

심리 치료중 만난 한 아이는 대견스럽게도 다음과 같이 말했다. "나를 태어나게 해준 부모님이 있었겠죠──저는 이들을 제 출생 이전의 부모라고 부를래요──그리고 저를 키워 준 부모님이 있어요. 첫번째 부모에 대해서는 저도 몰라요…. 하지만 아빠, 엄마는 제가 잘 알죠! 앞으로도 죽 그럴 거고요."

나는 생후 3개월 때 입양된 크리스토프의 부모가 아이에게 매일 밤 의례적으로 들려준 옛날 이야기를 하면서 이번 장을 마치려 한다. 매일 저녁 크리스토프가 말을 할 줄 알기도 전부터, 아버지는 아이에게 침대 머리맡에서 다음과 같은 이야기를 해주었다. "옛날옛날에 아기를 너무너무 갖고 싶어 하는 엄마, 아빠가 있었는데, 불행하게도 그들에겐 아기가 없었어요……. 옛날옛날에 엄마, 아빠를 너무너무 갖고 싶어 하는 한 아이가 있었어요. 그런데 불행하게도 그 아이에겐 엄마, 아빠가 없었어요. 그러던 어느 날 그 세 사람은 우연히 서로 만나게 되었어요. 그들은 곧 서로를 알아보았죠. 그 작은 아이는 바로 너였고, 그 엄마, 아빠는 바로 우리였단다!" 크리스토프가 크고, 말을 하게 되자 아이는 아빠가 해주는 옛날 이야기에 동참하게 되었고, 이야기가 끝날 때쯤이면 즐거운 목소리로 외치곤 했다. "그게 바로 나고! 그게 바로 우리예요!"

우린 이혼해요

    나는 한 아이가 아이답지 않은 이상한 말을 하는 것을 들었다. "우린 이혼해요." 나는 정확히 하고 싶었다. 이혼이라는 것을 결심하고, 이혼을 선언하는 것은 아이의 부모일 것이다. 그 아이는 부모와 지나치게 밀착된 관계를 갖고 있었기 때문에, 또한 그 가정의 중심체로서 자신을 느끼고 있었기 때문에 '우리'라는 표현을[18] 사용하면서 자신이 입은 직접적인 피해를 확인시키고 싶었던 걸까? 혹은 자신의 부모가 이혼하는 순간, 모든 사람들이 다 이혼하는 것처럼 느껴져서일까? 어떻게 생각하면 그럴 수도 있다. 또 다르게 해석한다면, 가정이 깨어져서 제 각각 흩어지는 것을 의미할 수도 있다. 더 이상 같이 있지 않는다는 말이다. 다른 아이들은 이렇게 말한다. "부모님이 이혼해요. 하지만 우린 계속 서로 볼 거예요." (혹은 "나는 아빠를 계속 볼 수는 있지만, 우리 모두가 다 같이 보지는 않을 거예요.") 또는 이렇게도 말한다. "이제 더 이상 다 함께 있지 않을 거예요." 그

---

18) 프랑스어에서 주격 인칭대명사 'on'은 부정(不定)의 뜻으로 상황에 따라 '사람들' '우리' '모든 이들' '그들' 등으로 해석 가능하다. [역주]

말은 부모가 이혼했다는 뜻이다. 그 이후로 우리는 언제나 누군가와 이별한 상태로 있어야 한다. 잭은 말한다. "내가 엄마 집에 있으면 아빠는 못보죠. 왜냐하면 두 분이 만나기만 하면 서로 싸우니까요. 그래서 그들은 이혼했죠."

잭은 작은 인형들을 가지고 노는 동안 넘어갈 수 없는 울타리로 둘러싸인 땅을 만들었다. 울타리 안쪽에는 아빠 말이 서 있고, 반대편에는 엄마 말이 서 있다. 아기 말은? 아기 말은 잭이 손에 쥐고 있었고, 아이는 그 아기 말을 어느 쪽에 놓아야 할지 갈팡질팡하고 있었다. 그것 때문에 아이는 놀이를 더 이상 진행해 나갈 수가 없었고, 아기 말을 쥔 손을 움직일 수가 없었다. 아이가 더 이상 아무것도 하지 못하자 나는 아이에게 이야기를 더 지어낼 것을 권했다. 내 말에 아이가 조금 흥미를 보였다. "아기 말은 위로 올라와서 바라봐요. 아빠 말을 봐요. 아빠는 혼자서 지루함을 느껴봐야 해요. 엄마도 마찬가지예요. 그들이 자초한 일이죠!" 하지만 그러한 만족감은 그리 길게 가지 않았다. "좋은 생각이 있어요. 아기 말을 위해 전용 풀밭을 만드는 거예요. 아빠네 풀밭과 엄마네 풀밭 중간에다가요." 한 손으로 아이는 각각의 두 풀밭의 울타리를 조금씩 좁히더니, 중간 지점에 아기 말을 위한 풀밭을 마련하고, 그곳에 아기 말을 놓았다. "아빠네 풀밭으로 갈 수 있는 문이 있고, 엄마네로 갈 수 있는 문도 있어요. 아기 말이 왔다 갔다 하고, 어디로 갈지 결정하는 것도 아기 말이죠. 명령하는 것도, 언제, 누구를 원하는지 말하는 것도 아기 말이에요." 이처럼 잭의 명령하에 부모 말은 서로 갈라진 채 있었다. 아이의 제어에 따라 부모는 각자의 집에 머물렀다. 잭이 만남과 헤어짐, 다시 만남의 열쇠를 쥐고 있는 자였다.

그러는 동안 잭은 꿈을 꾸는 듯이 보였다. "실제로도 이랬으면 좋겠어요. 하지만 우리 집은 판사님이 결정하는 대로 따라야 해요." 어쩌면 그것이 더 나은지도 모른다. 제3의 권력이 규칙을 정하도록 하는 것이다. 잭은 모든 권한을 다 갖고 있지는 않다. "아빠 집에 가고 싶지 않은 날에도 어쩔 수 없이 가야만 해요. 그래서 가긴 가지만, 머릿속으로는 아빠에 대해 생각하지 않으려고 해요." 이것을 달리 표현하면 "우린 헤어졌으니까, 나도 헤어지는 거예요. 내가 할 수 있는 거라곤 그걸 실천하는 것밖에 없어요. 나의 자유는 내 머릿속과 마음속에만 있을 뿐이에요."

내 머릿속에 있다. 그것이 문제이다. "난 마음이 찢어지는 것 같아요." 내가 이미 다른 책에서 언급한 것과 같이[19] 한 작은 소녀가 흐느끼며 말한다. 그 소녀는 자신을 언제나 헤어진 작은 소녀로 만들어 버린 부모의 이혼을 비통해한다. "부모님이 나를 엄마 집에서 아빠 집으로 데려다 주고, 데려가고 할 때 서로 말을 나누긴 하지만 전 알아요. 이젠 더 이상 그들이 서로 사랑하지 않는다는 것을. 아빠는 다른 아줌마를 좋아해요. 엄마도 새로운 약혼자가 생기기를 원하죠. 그리고 나는 그 두 사람 사이에서 언제나 혼자예요……." 그런 뒤 아이는 커다란 나뭇잎 위에 하트 모양을 하나 그리고, 그것이 한가운데서 찢어지는 선을 그려 넣었다. "중간에 서 있으면 언제나 외톨이일 수밖에 없어요." 얼마나 예리한 통찰력인가! 이 헤어짐의 상처를 치유하기 위해 얼마나 많은 노력을 기울여야 할까! 우리가 사랑하는 사람들과 함께 살고 있어도 언제나 조금씩은 다들 혼자라는 걸 알게

---

19) N. Fabre, 《어린 시절의 상처 *Blessure d'enfance*》, Paris, Albin Michel, 1999.

되려면 또 얼마나 많은 시간이 필요한 걸까!

아빠가 다른 여자를 더 좋아한다고 해서, 엄마가 다른 약혼자를 바란다고 해서, 그들이 여전히 사랑하고 있는 그들의 아이와 완전히 헤어졌다고 할 수 있을까? 부모들은 그렇지 않을 것이다. 하지만 아이는 그럴 수 있다. 만약 아이가 부모 중 한 명, 즉 다른 사람을 사랑하거나, 가족에게서 이미 마음이 떠났거나, 가족들이 포기한 누군가와 자신을 동일시한다면 그럴 수 있다. "우린 이혼해요"라고 아이가 말한다는 것 자체가, 아이 스스로 부모 중 한 명과 동일시하고 있다는 증거이고, 부모 중 한 명은 가족을 버린 쪽과 버림받은 쪽 중 어느 쪽이든 될 수 있다.

앞으로 아이가 겪게 될 과정들은 언젠가 아이에게 다음과 같이 말하게 해줄 것이다. "부모님은 두 분이 이혼한 거예요. 저와 이혼한 건 아니죠." 이렇게 말할 수 있게 되기까지 두 가지의 전환 과정이 필요하다.

첫번째는 아이가 강한 연대감을 갖고 있는 부모와 자신을 따로 생각할 줄 아는 것이다. 그런데 그것은 결코 쉬운 일이 아니다. 우선 아이는 동성의 부모와 동일시하는 과정을 거치면서 자기 인격의 일부를 형성해 가기 때문이다. 우리는 아버지나 어머니를 모델로 해서 성장을 시작하고, 이 최초의 모델로부터 언젠가는 이탈해야 한다는 것을 들어왔다. 그러므로 맏이들은 둘째 이후의 아이들보다 역할 모델 선택 가능성의 폭이 훨씬 좁고, 그렇기 때문에 부모가 실망스럽거나 위험한 인물일 경우 특히 더 어려운 삶을 살게 된다. 반면 동생들은 부모 이외에도 큰 아이들을 자신의 동일시 모델로 선택할 수 있다. 물론 시간이 흐른 뒤에는 삼촌이나 고모, 조부모, 더 크고 나면 선생님이나 지도자 등이 역할 모델이 될 수 있겠지만, 어쨌든 최초의 동일시는 일반적으로 아버지나 어머니와 이루어지게 된다. 만약 이 시기에 아이가 상처받고, 조롱받으며, 버림받은 부모와 연대감을 갖고 있다면, "우린 이혼해요"라는 표현이 나오는 것은 당연한 일이다. 더 나아가서는 "우린 이혼하게 될 거야" 혹은 "상대편에서 이혼을 결정했어. 달리 어떻게 할 수 없으니까 우린 이혼해. 그는 더 이상 '세 사람인 우리'를 원치 않아. 우리 두 사람(아이와 부모 한 사람)은 같이 있을 거야. 대신 그 못된 사람과는 헤어질 거야."

이 모든 일들을 어른들의 일로 받아들이고, 자신의 것이 아님을 인정하기란 이 상황에서 쉽지 않다. 반대로 부모와 아이라는 2원 체제——주로 어머니와 아이가 많지만, 아버지와 아이도 역시 마찬가지다——는 한창 전개되고 있던 동일시 과정과 결합하여 함께 나눈 고통과 분노, 눈물로 인해 더욱 강화된다.

그럼으로써 자연히 첫번째 전환——역할 모델이 된 부모로부터 아이가 이탈하여 자신을 독립체로 인식하게 되는——은 배로 어려워지게 된다.

또 한 가지 덧붙여야 할 것은, 아이가 오이디푸스 콤플렉스 단계에 있는 시기라면, 사랑하는 아버지가, 혹은 사랑하는 어머니가(즉 이성 부모가) 방해꾼인 다른 쪽 부모와 헤어지는 것을 보는 것 또한 그리 단순한 문제는 아니라는 것이다. "우린 이혼해요"라는 말은 "이제야 우리 둘만 남았어! 방해꾼은 없어지고 우리 둘만!"이란 의미가 될 수도 있다. 방해꾼과 헤어지고, 우리 두 사람은 내가 당신에게 전부인 환상적인 삶의 시기로 들어가게 되었어요. 이것은 매우 일반적인 단순한 환상이고, 불행 중 다행이라 생각할 수 있겠다. 왜냐하면 어느 누구도 자기 아버지나 어머니와 결혼하지는 않기 때문에. 하지만 자신이 부모 이혼의 원인이 되었다고 가정 혹은 확신하거나, 그래서 그 이혼의 수혜자가 바로 자신이라는 생각은 갖지 않는 것이 좋다. 만약 그런 경우, 아이는 부모 이혼에 관해 죄책감을 갖기 십상이다. "내가 말을 잘 안 들어서 부모님이 늘상 싸웠던 거야. 그래서 결국엔 이혼하신 거고… 모든 것이 내 탓이야." 이때 부모와 둘만의 세계를 갖겠다는 환상에 대한 중압감과 이혼을 야기했다는 죄의식이 모두 아이의 몫이 된다는 것이 문제이다. 아이는 남은 부모를 위로해 주어야 하고, 오점으로 남을 끝나 버린 결혼생활에 대한 책임까지도 부모와 같이 느끼게 된다.

두번째 전환은 아이가 부모의 행동에 자신이 책임을 져야 한다는 생각을 더 이상 갖지 않게 될 때 이루어진다. 나는 종종 강조하곤 하는데, 비록 부모의 싸움이 아이의 좋지 못한 행동이 원인이 되어 일어난다 할지라도 어쨌든 그 싸움은 부모의 것이라는 점이다. "만약 네가 네 친구와 어떤 비디오 게임을 하고 놀지에 대해 말하다가 다툼이 생겼다면, 그건 너희 두 사람이 싸우는 거지, 비디오 게임이 싸우는 건 아니라는 말이지!" 내가 이렇게 말하면 모두가 웃음을 터뜨린다. 이건 우스꽝스런 생각이긴 하지만, 분위기를 이완시키는 데는 큰 역할을 한다. 그리고 또 나는 말한다. "만약 두 사람이 서로 아망딘이 가장 좋아하는 사람이 되고 싶어서 싸우는 거라면, 그 싸움을 선택한 것은 두 사람이지 아망딘은 아니라는 거지……." 여기에 대해서는 전적으로 동의할 수 없다는 분위기이다. 아망딘은 어떨 땐 부모의 질투심을 유발하기를 즐기기도 하기 때문이다. 아이들은 모두 그런 걸까? 어쩌면 그래서 아이가 느끼는 죄책감이 어느 정도 당연한 것인지도 모른다. 하지만 안타깝게도 아이는 아이일 뿐, 어른들인 부모가 올바르게 행동해야 한다. 대부분의 책임은 모두 어른에게 있다. 그것을 인정하기가 그리 쉽지는 않지만 말이다.

"나는 부모님이 이혼했을 때, 오히려 안심이 되었던 것이 기억나요." 한 젊은 여성이 말한다. "난 엄마에게 질려 있었죠. 내가 엄마를 너무나 못살게 굴어서 엄만 나를 아빠에게로 보냈어요. 우리 두 사람은 잘 지냈어요. 내가 아빠의 작은 아내였죠. 그러던 어느 날 아빠는 재혼을 하기로 결심했어요. 나는 그 여자를 미워했어요. 난 엄마에게로 다시 갔죠. 결국 어디에서도 적응을 못한 나는, 독립할 수 있는 나이가 되자마자 바로 집을 나와 버렸어요." 이 경우 이혼은 이미 내재되어 있었고, 어머니를 대신 하고자 하는 욕망에 의해 과장되게 받아들여졌으며, 실제로 어머니를 대신했다는 확신에 의해 죄의식을 갖게 만들었고, 아버지와의 관계에서 실패함으로 인해 더욱 악화되어, 결국엔 어머니에 대한 감정까지 채무자로서의 또 다른 죄의식을 만들어 내게 되었다.

내가 이 책을 쓰는 동안 나의 모든 관심은 내가 다루는 주제들과 관련된 이야기에 집중되어 있었다. 나는 내가 평소에 귀기울이지 않았던 주변의 이야기들에도 세심한 관심과 주의를 기울였는데, 다음의 이야기도 그 중 하나이다.

나는 산중의 한 레스토랑에 앉아 있었다. 옆 테이블에는 한 젊은 아버지와 어린 아들이 있었는데, 두 사람은 햇빛을 받아 황금빛으로 반짝이고 있었다. 아버지는 휴대전화를 꺼내 한 여성 친구에게 전화를 하기 시작했는데, 내용인즉슨 그들이 만나 앞으로 이틀 동안 함께 보낼 계획인 것 같았다. 그는 상대 여성의 어린 딸과 함께 네 사람이 야영지에서 캠핑할 생각을 하고 있었다. 그러는 동안 아이는 뭔가 불만스러운 기색으로 볼을 부풀리고 있었다. 야영 계획에 들떠 있는 아버지와 달리 아이는 그것에 무관심해 보였다. 아버지는 전화를 끊고, 아이에게 자신의 계획을 말해 주었다. 아이는 여전히 볼이 부은 채 생각하는 듯한 자세를 취하였다. 아버지는 아이를 설득하기 위해, 통화하는 동안 들떠 있던 자신의 기분에 아이를 동화시키려고 애를 썼다. 마침내 아이가 말했다. "난 되도록 빨리 집에 가고 싶어요. 엄마 보러 가고 싶어요." 순간 무거운 침묵이 주위 공기를 짓누르는 듯했다. 나는 생각했다. '저 아버지가 말을 잘 해야 할 텐데⋯⋯ 안 그러면 모든 것이 끝이다.' 어색한 침묵을 깨고 아버지의 목소리가 들렸다. "엄마를 보고 싶구나⋯⋯ 그래. 나도 마찬가지야. 너도 알잖니? 하지만 엄마가 그걸 원치 않아. 엄마가 그렇게 결정했어. 아빠는 엄마를 여전히 사랑한단다. 아주 많이 사랑해. 하지만 어쩌겠니. 일이 이렇게 되어 버린 걸. 처음엔 아빠도 너무너무 힘들었어. 정말 말로 할 수 없을 정도로 너무나 불행했단다. 하지만 이젠 적응이 되었어. 많이 괜찮아졌어. 거의. 이젠 엄마를 봐도 아무 일이 없어. 그렇게 되었단다."

그 소년은 매우 심각하게 아버지의 말에 귀를 기울였다.

그런 뒤 대화는 다른 쪽으로 전환되었다. 신문의 짧은 이야기들과 우스갯소리들로. "자! 모자 챙겨야지. 출발하자!" 어디로? 아마도 꼬마 숙녀를 데려올 그 여성과 함께 야영할 곳으로!

어디로 가서 무엇을 하는지는 그리 중요한 문제가 아니다. 아이는 원치 않은 이혼, 고통스런 이혼이 갖는 의미를 이해하게 된다. 그 속에서 아이는 살아가는 법을 배운다. 그 속에서 아버지는 자신이 배운 것을 이야기하고, 노력하고, 또 최선을 다한다. 비록 그것을 성공한 이혼이라 말할 수는 없지만 말이다.

하지만 실제로 성공적인 이혼도 있다.

만약 이혼이 부모의 입장에서 볼 때, 감정적인 결정이 아닌 성숙된 사고에 의해 나온 결론이라면 성공적인 이혼이라 부를 수 있다. 혹은 적어도 이전보다 덜 감정적인 관계를 갖게 되었다면, 그것만으로도 이혼은 성공적이라 볼 수 있다. 또한 아이 입장에서, 자신이 사랑받고 있을 뿐만 아니라, 존중받고 있다는 느낌을 받는다면, 이혼으로 인해 서로가 바람직한 거리를 유지하게 되었다면 그 이혼은 성공적이라 말할 수 있다. 케빈과 자스민은 함께하는 휴가 계획에 대해, 새로 만난 부모들끼리 만나는 자리에 대해, 원래 가족이 다시 모이는 자리에 대해——"그리 긴 시간은 아니지만, 괜찮아요"——나에게 스스럼없이 말할 수 있다. 시간은 나눌 수 있는 것이기에. 마음은 아닐지라도. 그들은 사랑이란 무게를 잴 수도, 길이를 잴 수도 없는 것임을 알고 있고, 누군가에게 기쁨을 주기 위해 다른 누군가를 미워해야 할 의무는 없다는 것도 알고 있다. 그것이 그들의 삶이므로, 케빈은 말한다. "어쨌든 가족 모두가 평생 함께 있을 수는 없는 거잖아요, 그렇죠? 내가 계절 학교나 뭐 그런 곳에 갈 땐, 모두 두고 혼자 가야 하잖아요. 그렇다고 내가 그들을 잊어버리는 건 아니니까요." 영리하고 대견스런 케빈!

케빈이 알게 된 것을 모든 아이들에게 가르쳐 주기 위해, 케빈의 부모가 실현한 것을 모든 다른 부모들에게 가르쳐 주기 위해 대견스런 케빈이 필요할지도 모르겠다. 즉 가정과 커플이라는 울타리를 지키진 못했지만, 헤어짐에 성공한 것에 대해서 말이다. 그들이 현재 행복을 느끼는 가정은 매우 신중하게, 감정적이지 않은 상태로 재배치되고, 재구성된 가족이다. 헤어짐이 결정났을 때, 그것에는 어떠한 미움이나 저버림의 감정이 들어 있어서는 안 된다. 헤어짐은 비록 그것이 실패의 감정과 눈물, 고통 속에서 결정된 것이라 하더라도, 바람직한 일정 거리를 상징하고 있어야 한다. 눈물이 멈추면 새로운 사랑과의 상호 존중, 새로운 풍요로움의 시대가 열릴 것이다.

내 할머니가 더 이상 내 할머니가 아니에요

다미엥은 슬프다. 다미엥은 할머니를 보러 갔다. 더 어렸을 때 자신의 손을 이끌고 인형극을 보여주곤 하셨던 할머니가, 산으로, 바다로 데리고 놀러가곤 하셨던 할머니가, 옛날 이야기를 좋아하게 만든 쾌활하시던 할머니가 이젠 다미엥을 잊어버린 것 같다. 그가 갔을 때에도 할머니는 무관심한 것처럼 보였다. "할머니께선 머리도 빗지 않으시고, 살도 많이 찌셨고, 안락 의자에서 아예 일어날 생각도 않으셨어요……. 내가 간다고 자리에서 일어섰을 때에도 아무런 지각이 없는 것처럼 보였어요." 다미엥은 나에게 이런 얘기를 모두 하는 것은 내가 할머니가 누군지 모르고, 상관없는 사람이기 때문이라고 했다. 부모님께도 거기에 대해 그다지 말을 하지 않는 편인데, 그들도 할머니에 대해 걱정스러워하는 눈치였다. 부모님은 다미엥을 할머니 댁에 예전처럼 자주 데려가지 않았고, 할머니가 이젠 노쇠하시고, 몸이 아프다고 말했다. 다미엥은 할머니가 곧 죽게 되는지 물어보았다. 하지만 의사가 암에 걸렸다거나 특정 병이 있다고 말하지는 않았다고 한다. 따라서 할머니가 바로 돌아가시거나 하지는 않을 것이다. 하지만 다미엥은 이미 죽음을 받아들이고 있다. 할머니가 돌아가신 건 아니지만 그녀의 일부가, 그녀와 함께했던 다미엥과의 관계가 죽어가고 있다. 다미엥은 할머니와 함께했던 과거와 이별해야 한다는 것을 느끼고 있다. 그 과거는 이제 추억으로만 남을 것이다. 다미엥은 힘없이 말한다. "내 개 티파니도 그랬어요. 난 그 개를 무척 좋아했었고, 티파니도 나를 무척이나 따랐죠. 내가 태어났을 때 이미 티파니는 우리 집에 있었어요. 내가 크면서 티파니도 나이를 먹었고, 어느 순간 함께 뛰어다니지 못하게 된 때가 왔어요. 티파니는 발을 질질 끌며 걷게 되었어요. 그러고는 더 이상 내 침대 위로 뛰어오르지 못했죠. 그때부터 티파니는 내가 알고 있던 티파니가 아니었어요. 엄마가 티파니를 안락사시켰을 때, 난 조금 울었어요. 하지만 티파니가 내 침대로 뛰어오르지 못하게 되었던 날 나는 훨씬 더 많이 울었었죠." 죽음 이전의 죽음. 이별 이전의 이별.

다미엥은 이런 이별을 또다시 준비하고 있는 것이다. 노쇠함이 가져다 준 변화로 인해 다른 사람이 되어 버린 할머니와 헤어짐을 미리 준비해야 했다. "언젠가 할머닌 돌아가실 거예요. 정말 가슴 아픈 일이죠. 하지만 그다지 많이 슬프진 않을 거예요. 이미 많이 적응하고 있으니까요."

한 젊은 여성이 생각난다. 그녀는 밤마다 사랑하는 사람들이 죽었거나, 죽어가고 있거나 혹은 이미 오래 전에 땅 속에 묻혀 있는 것을 발견하는 꿈을 꾸곤 하였다. 대중화된 정신분석서들을 읽은 까닭에, 그녀는 걱정스러움을 내비쳤다. "욕망하는 것을 꿈으로 꾼다죠……. 하지만 전 남편이 죽길 바란 적은 없는 걸요? 아들도 마찬가지고요…?" 당연히 그럴 것이다. 하지만 그녀는 그들이 죽을까 봐 걱정은 했을 것이다. 아니면 사랑하는 이들이 죽은 뒤에 겪을 쓸쓸함을 두려워했을 것이다. 그래서 꿈속에서 그녀는 사건을 미리 상정하고, 그런 뒤에 절망감에 빠져 삶을 포기하지 않고 꿋꿋하게 살고 있는 자신을 보고 싶었던 것이다. 하지만 이렇게 미리 죽음을 준비한 탓에 그녀는 일상에서의 인간 관계에서 다소 어려움을 느끼고 있었다.

다미엥은 할머니에게 이제 이방인이 되었다. 그는 더 이상 할머니에게서 옛날의 생기 있던 모습을 찾아보려고 하지도 않는다. 그러지 않으려고 조심한다. 그리 오래되지 않은 그 과거를 마치 매우 오래된 일인 양 치부해 버린다. 그것을 과거로 묻어두는 동시에, 자신을 괴롭히고 있는 현재와, 참을 수 없는 상처가 될지도 모르는 미래로부터 멀리멀리 도망치려 하고 있다.

그러는 동시에 다른 하나의 이별이 진행되고 있는데, 그것은 바로 유년 시절의 마감이다. 유년 시절은 이제 더 이상 그때의 그녀가 아닌 할머니와 연결되어 있다. 다미엥은 자주적이고, 경쾌하고, 상냥했던 자신의 이미지를 떠나 보내려 한다. 그 꼬마로부터 떨어져나와 이제 다미엥은 소년이 되려 한다. "내년이면 중학교에 들어가요. 모든 것이 변하겠죠." 거기에 대해 그는 기쁘게 생각하고 있다. 이제 더 독립적이 될 것이다. 학교에 갈 때도 혼자 버스를 타고 갈 것이다. 새로운 친구들도 사귈 것이다. 운동 동아리에도 들어갈 것이다. 방의 인테리어도 바꿀 생각이다. "털인형 같은 것들은 창고로 치울 거예요. 기린 인형만 갖고 있을 거예요. 내 오랜 친구였던 작은 능금 모양 장난감들도 이젠 갖고 놀지 않아요. 대신 벽에는 멋진 포스터를 붙일 생각이에요." 이 모든 것이 유년 시절과의 이별에 즈음하여 이루어졌다. 그의 부모도 그를 이해하고, 이러한 변화를 지지해 주었다.

하지만 소니아의 부모는 달랐다. "어머니는 내가 작은 조끼와 큰 운동화 같은 친구들 사이에서 유행하는 물건들을 원할 때, 질겁을 하세요. 그런 걸 사용하기엔 내가 너무 어리다는 거죠. 하지만 난 내 친구들과 비슷해지고 싶어요." 물론 소니아는 아직 열 살밖에 안 됐다. ──"열 살하고 7개월이나 되었죠."── 아이는 이미 사춘기로 접어든 사촌언니나 친구들과 닮기를 간절히 바라고 있다. 어린 시절이여 안녕, 내게 자유를 달라! "내가 싫어하는 원피스에 일부러 심한 얼룩을 묻혔어요. 그걸 지운답시고 표백제를 들이부었죠. 당연히 옷은 망가졌어요! 어머니는 화가 나셨죠. 하지만 전 기분이 좋았어요." 예쁜 원피스 드레스에서 해방됨으로써, 소니아는 유년기에서 벗어났다. 그것은 그녀의 어머니가 멈춰두고 싶어 했던 딸아이의 이미지였고, 아이는 그것을 지워 버리려고 애를 썼다. 더 시간이 지나면 소니아는 아마도 열다섯 살처럼 보이고 싶던 열살 때의 그 투쟁을 미소지으며 기억할 것이다. 또한 아마도 그런 동요를 겪기 이전의 평화로움이 전부였던 더 작은 꼬마 아이를 추억하게 될 것이다. 하지만 지금은 더 이상 간직하고 싶지 않은 원피스를 입은 꼬마 숙녀의 이미지를 벗어던지고 싶을 뿐이다. 그녀는 그것을 너무나도 간절하게 원하고 있다.

　절망은 전혀 다른 형태로 우리에게 올 수도 있다. 내가 어렸을 때 병이 나서 몇 주간을 침대에 누워 지낸 적이 있었다. 그 옛날에는 아이들에게 유행하는 전염병들이 끊이질 않았다. 몇 주를 끙끙 앓은 후 거울 앞에 서 보니 내 자신이 너무나 약하고, 못생기고, 키만 껑충하니 크게 보였었다. 거울 속의 나는 그야말로 최악이었다. 지독한 홍역을 겪고 난 열한 살의 나는 나 자신도 몰라 볼 정도로 완전 다른 사람의 모습으로 바뀌어 버린 것 같았다. 수많은 탄식과 한숨을 쏟아낸 후, 나는 절망에 빠진 아이들이 종종 그러듯이, 우스꽝스런 결론에 도달하게 되었다. 그때 나는 키가 매우 컸었기 때문에, 친척들 중 유일하게 닮은 키가 매우 크고 야위어서 길쭉하고 못생긴 열다섯 살 위인 사촌오빠와 결혼하는 것밖에는 다른 선택의 여지가 없다는 결론에 이르렀다. 이젠 더 이상 그 옛날의 작고 귀여운 소녀가 아니므로, 결코 그때로 되돌아갈 수가 없기에 어쩔 수가 없다는 생각이었다. 요즘도 그때 일을 생각하면 웃음이 나고, 내 친척들도 그 이야기를 두고두고 얘기하며 재미있어했었다. 어머니와 언니는 결코 일어날 수 없는 일이었던 둘의 결혼식 이야기로 웃음꽃을 피우곤 했다.

한편 육체가 더 이상 제 구실을 하지 못하게 될 때 우리가 받는 슬픔은 가히 비극적이라 할 수 있다. 이제 성인이 된 잔은 소아마비를 앓은 이후, 다리가 더 이상 다른 아이들처럼 마음대로 움직이지 않게 되었던 날을 기억한다. 영구적으로 장애인이 된 것이다. 들판을 뛰어다니길 좋아했던 어린 소녀는 이제 더 이상 깡총거리며 뛰어놀 수 없게 되었다. 그녀는 자신의 다리를 숨기려고 했다. 해변으로 그녀를 데리고 갔을 때, 잔은 모래 속으로 숨고 싶었다. 자신에게 아름다운 미소와 예쁜 눈을 가졌다고 말하는 사람들을 모두 죽여 버리고 싶었다. "사람들은 나를 볼 때 나의 윗부분만 보려 해요. 나 또한 나 자신을 두 동강 내어 생각하려 해요. 나에게서 이 더러운 한쪽 다리를 제거해 버렸으면 좋겠어요. 그러면 난 대체 뭐가 될까요?" 그녀는 자기 몸의 변화를 받아들이기까지의 길고 긴 투쟁을 이야기한다. "내 자신을 잘라내는 것을 멈추기 위해——나 자신에게 '이게 바로 너야' 라고 말하기 위해." 그런 후 몇 번의 수술이 더 있었다. "수술 때마다 나는 믿었어요. 내가 정상적인 두 다리를 다시 가질 수 있을 거라고요. 하지만 그건 이루어지지 않았죠. 불편한 다리를 잘라내는 상상을 하면, 한순간은 시원한 기분이 들어요. 하지만 곧 끔찍해지죠. 그리고 마침내 내가 거의 다리를 절지 않게 되었을 때 나는 다시 한번 끔찍함을 느꼈어요. 왜냐하면 내가 다리를 절 때의 내 생활에 너무나 적응해 있어서 그 전에 내 모습이 어땠는지를 잘 기억하지 못했기 때문이에요." 잔의 이야기는 고통스러운 포기에 대한 이야기이다. 자기 이미지를 계속해서 강제적으로 버려야 했고, 원통함을 삭여야 했으며, 자신의 일부를 상실해야 했다. 동시에 자기 자신에 대한 새로운 이미지를 힘겹게 만들어가야 했기에, 죽음으로부터 다시 태어나는 삶을 살아야만 했기에 그토록 힘들었던 것이다. 소아마비 이후 심각한 후유 장애를 앓고 있는 또 다른 소녀가 이런 물음을 던진다. "내가 장애를 극복한다면, 그것은 내 다리로 가능한 걸까요, 아님 보조 기구를 달아야 하는 걸까요?" 대답은 언제나 나쁜 쪽으로 간다. 그녀는 자기 자신의 일부인 한쪽 다리를 포기할 수 있을까? 그녀에게 그토록 많은 고통을 준 다리, 하지만 여전히 그녀의 일부이며, 그녀의 삶이 지속되고 있음을 알게 해주는 그 다리를 잊을 수 있을까? 그녀는 이제 영원히 손상되고, 변형된 채 남아 있을 밉상스런 그 다리를, 하지만 여전히 자신의 것인 그것을 과연 있는 그대로 받아들일 수 있을 것인가? 그러한 표식을 지니고 있다는 것은 고통으로 자신을 인식하는 것과 같다. 그것과의 이별은 자기 자신과의 이별과 다름 아니다.

거식증에 걸리는 사춘기 아이들의 비극은 자기 자신의 이미지가 깨지는 것을 두려워하는 데서 시작된다. 떠나고 싶지 않은, 이별하고 싶지 않은 유년기의 이미지를 간직하기 위해서는 어떻게든 가느다란 체격을 유지해야 하고, 월경을 시작하지 않아야 하며, 사춘기 초기의 징후들이 없어야 한다. 물론 모든 거식증의 원인이 여기에서 언급한 몇 줄의 글로 국한될 수는 없다. 하지만 거식증의 원인 중 하나가 바로 이런 성장의 거부에서 찾을 수 있다. 개중에는 죽음을 불러오는 경우도 있다. 산다는 것은 우리 자신이 더 이상 예전의 자신이 아님을 받아들이는 것이며, 타인들 또한 더 이상 예전의 그 모습이 아님을 받아들이는 것이다. 왜냐하면 삶이란 변화이므로.

그것이 바로 세상의 수많은 옛날 이야기들이 전하는 바이기도 하다. 그들 중 대부분은 내가 알기로는 유럽에서 전래되는 이야기들이 많다.[20] 나는 특히 주인공이 경험하는 여행의 중요성에 대해 말하고자 한다. 주인공은 한 장소를 떠난다. 부모님과 헤어지고, 초가집이나 자신이 살던 성을 떠나 세상을 정복하기 위해 모험으로 뛰어든다. 주로 주인공의 아버지에 의해 어떤 보물이나 물건, 마법의 동물이나 여자를 구해 오도록 보내지는데, 어떤 이야기에서는 스스로의 의지로 길을 떠나기도 한다. 보통 주인공은 수많은 위험과 죽음의 위기를 극복하고 돌아오게 되는데, 돌아올 때는 멋진 성인 남자가 되어 있다. 잠두 왕자 이야기에서도, 부모의 권유로 새벽에 길을 떠난 소년이 제일 마지막으로 들어간 성의 거울에 자신의 모습을 비춰 보았을 때 아름다운 청년의 모습으로 변해 있었다. 다시 집으로 돌아왔을 때 부모님은 늙어 있어야 하지만 여전히 젊음을 유지하고 있

---

20) 이 주제에 관해서는 다음의 책들을 참조하라. D. Soriano, 《페로 이야기집 *Les Contes de Perrault*》, Paris, Gallimard, 1968, V. Propp, 《경이로운 이야기의 역사적인 뿌리 *Les Racines historiques du conte merveilleux*》, Paris, Gallimard, 1983.

고, 거기에서 완두콩 공주를 만나 결혼하게 된다. 여기에서 여행은, 단순히 공간의 이동일 뿐만 아니라 시간상의 이동도 내포하고 있다. 그 여행 동안 주인공은 변화를 겪고, 아이가 어른으로 성장한다. 사춘기란 선택하거나 혹은 감내해야 하는 헤어짐, 필연적인 변화와 대면하는 것임을 의미하는 것 아닐까?

모든 연령대에서, 인생의 전 시기를 통해 우리는 그것을 염두에 두고 있어야 할 것이다. 늙는다는 것은 누구나가 다 겪는 것이고, 그럼으로써 어른은 삶의 충동으로 동요하는 아이들을 성장의 한 과정으로 이해하게 된다. 시련이라는 단어는 흔히 이야기 속에서 주인공이 겪는 모든 위험을 가리키는데, 여기에 그 모든 의미가 있다. 즉 내가 그 시냇물을 건너갈 수 있을까? 내가 그 국경을 넘어갈 수 있을까? 내가 삶의 시련을 죽지 않고 이겨낼 수 있을까? 내 앞에 닥칠 시련은 작은 다리일까, 가시 울타리일까, 아니면 내 욕망과 바람을 일시에 마비시켜 버릴 정도로 도저히 뛰어넘을 수 없을 만큼 높은 벽일까?

내 이마에 처음 새겨진 작은 주름 혹은 네 이마의 첫 주름은 내 고통의 혹은 피로함의 첫 증거이며, 그것의 인식은 다음과 같은 영원한 의문들을 내게 던진다. 나와 함께 흘러가는 시간, 내가 사랑하는 사람들, 내 아이들에게 닥쳐올 시간의 흔적을 내가 과연 받아들일 수 있을 것인가? 내 자신의 예전 모습을 버리고, 너의 옛 모습을 버리고, 우리가 되고 있는 미래의 모습을 받아들일 수 있을까? 우리 아이들이 우리가 믿고 있는 옛날의 모습을 마치 길가 한쪽에 오래된 옷가지를 벗어던지듯 훌쩍 버리고 새로운 모습으로 성장해 갈 때, 그것을 쉽게 받아들일 수 있을까? 미래의 모습으로 나아가기 위해 현재의 모습을 해체하는 것을 받아들이는 동시에, 예전의 모습 또한 계속해서 사랑할 수 있는 능력을 우리는 갖고 있을까? 나 자신뿐만 아니라 타인을 위해서도 똑같이 그렇게 할 수 있을까?

한 젊은 여성이 내게 정신분석을 의뢰해 왔다. 그녀는 항상 '어딘지 모르게 불편함을 느꼈는데,' 상담중 백일몽 속에서 그녀는 자신이 따뜻한 비를 맞으며 걷고 있다고 말했다. "비가 내 외투를 적셔요. 완전히 젖은 내 외투는 점점 무거워져요. 너무 무거워요. 너무너무……" 비가 계속 와서 그녀는 외투를 벗어 길 위에 내려놓았다. 그렇게 하나씩 옷을 벗어 나갔고, 벗을 때마다 옷을 하나씩 길바닥 위로 떨어뜨렸다. 곧 그녀는 나체가 되었다. "진작 옷을 다 벗을 걸 그랬어요. 따뜻한 비를 맞으며 벌거벗은 채 서 있는 것이 너무나 기분 좋아요! 내 몸이 너무나 유연하고 부드럽게 느껴져요……. 아! 그런데 누군가를 만나면 안 되겠군요……." 그녀는 조금 주저하는 듯하더니, 곧 재미난 생각을 한 것처럼 말했다. "어쨌거나, 지금 이 상태가 훨씬 좋아요……. 저 낡은 외투를 생각하니 어떻게 저걸 입고 다녔는지 모르겠어요!" 그녀는 연상 작용 속에서 지금까지 그녀 자신에게 고집스레 씌워 주었던 모든 가면들을 하나씩 내려놓았다. "그것들 때문에 꼼짝도 못하고 있었지만, 그것에 집착하고 있었던 것도 바로 나 자신이었어요."

이는 마치 아니 뒤프레가 몇 년 동안 계속 자신의 눈을 보지 않기 위해서 많은 양의 화장 분과 마스카라로 숨겨왔던 것과 유사하다. 뒤프레는 그러한 사실을 자신의 책 《검은 베일》[21]에서 밝힌 바 있다.

---

21) A. Duperrey, *Le Voile noir*, Paris, Seuil, 1992.
    아니 뒤프레는 프랑스 여배우이자 소설가이다. 《검은 베일》은 뒤프레의 자전적 소설이다. [역주]

실제로 그녀의 눈은 옛날에 그녀 어머니의 눈이 신비로우면서도 맥없이 보였던 것처럼, 자신이 알고 싶지 않은 고뇌를 지니고 있었다.

그 여성 환자는 이제 자신에게 고착되어 있던 이미지들을 벗어던짐으로써 일종의 자유로움을 느낄 수 있었다. 그녀는 다른 사람들의 눈을 멀게 하기 위해 자신의 만들어진 이미지를 고수하고자 하였던 것이다.

따라서 논의해 볼 문제는 시각에 관한 우리의 입장이다. 타인의 변화를 지켜보는 것, 다미엥처럼 병들고 늙어가는 할머니를 옆에서 지켜보는 것, 사고 발생이나 갑작스런 질병 등으로 어쩔 수 없이 자신이 변화하는 것을 받아들이는 것, 변화된 자신의 모습을 다른 사람이 보는 것을 받아들이는 것, 이 모든 것은 익숙하고 사랑받았던 이상적인 이미지로부터 멀어지는 것을 받아들이는 것이다. 그것이 간혹 미운 이미지였다 할지라도, 어쨌든 그것은 우리 것이었던 것이다!

한 사춘기 소녀가 과학 수업 시간에 우리 몸을 이루고 있는 모든 세포들은 매일 죽고, 또다시 생성됨을 반복한다는 것을 배웠다. 소녀는 그 사실에 너무나 충격을 받았다. 왜냐하면 그때까지 인식하지 못하고 있던 죽음에 대한 불안감이 그 수업으로 인해 일깨워졌기 때문이다. 친구들은 소녀에게 말했다. "새로 태어나는 세포들을 생각해 봐." 하지만 아무 소용이 없었다. 소녀는 오직 죽어 없어지는 세포들에만 신경이 쓰였고, 자기 자신에게서 떨어져 나가는, 그래서 자신과 이별하게 되는 그 세포들 때문에 너무나 불안하고 슬펐다. 악몽이 따로 없었다!

이것은 자기 자신에게서 그 변화를 찾아볼 수 있는 두 가지에 대한 좋은 예이다. 결론적으로 말하자면, 삶과 죽음은 본질적으로 서로 연결되어 있다는 것이다.

특별하게 태어난 요나는 고래 배 속에서 사흘을 지내야 했다. 피노키오는 자기 자신 속에 있는 착한 진짜 인간 소년이 되기 위해서 죽음을 무릅쓴 시련을 겪어야만 했다. 잠자는 숲 속의 공주는 왕자님이 사랑으로 자신을 깨워 주기 전까지 마법에 걸린 성과 함께 1백 년 동안 죽음과도 같은 잠을 자야만 했다. 우리의 죽음은 어디에 있으며, 우리의 깨어남은 어디에 있는 건가? 새로운 무언가가 되기 위해 무엇과 헤어져야 하는가? 어떤 이별에 우리 아이들을 동반해도 되는 걸까? 어떤 변화가 시작될 때 아이들로 하여금 허상, 거짓된 것들, 마비시키는 것들로부터 벗어나 자기 삶의 리듬을 찾을 수 있도록 도와주어야 하는 걸까?

그들 모두, 모든 사람이 다 못됐어요

프리다는 열 살이다. 프리다는 침울하고, 밖에 잘 나가지도 않았고, 친구도 없었다. 집에 아무도 데려오지 않았고, 초대도 받지 않았다. "아무도 날 초대하지 않는 걸요." 만약 그것이 사실이라면, 별 문제가 못 된다. 하지만 그녀의 어머니는 강조한다. 교외에 살고 있는 사촌들이 그녀를 초대했던 것을 상기시킨다. "그건 아니죠! 일단 그건 초대라고 볼 수도 없어요. 사촌들인 걸요! 그리고 그 애들은 바보 같아서 날 귀찮게만 한다고요!" 그래, 좋다. 그 말이 맞다고 치자. "그러면 카롤린이 너한테 몇 번이나 전화한 건 뭐니?" 카롤린은 유치원 때 친구이다. 그러니까 그건 계산에 넣지 말아야 한다. 그리고 유치원에선 친절한 친구가 한 명도 없었다고 프리다는 기억한다. 거기 아이들은 모두 심술궂었었다……. 프리다의 부모가 아이와 잠깐 동안 언쟁을 벌인다. 프리다는 눈살을 찌푸린다. "모두 다, 한 명도 빠짐없이 모두가 다 못됐었다고요."

가족들은 항복했다. 꺾일 줄 모르는 프리다의 고집 앞에서 무엇을 어떻게 해야 할지 알 수가 없었다. 나는 프리다와 이야기를 나누었다. "그들은 모두 저를 짜증나게 해요." 나는 프리다에게 왜, 어떻게 그런 생각을 하고 있는지, 그리고 예전에는 어땠는지를 차근차근 물어보았다. 별로 심각하지 않은 험담들을 원인으로 끌어낼 수 있었다. 또래 여자 친구들은 프리다의 머리카락이 너무 숱이 많고 곱슬곱슬하다는 것을 놀림거리로 삼았다. 남자아이들은 프리다가 엉덩이가 크다고 놀렸다. 프리다가 시험에서 좋은 점수를 받으면, 아이들은 그녀가 속임수를 썼을 거라고 생각했다. 곧 중학교 1학년에 입학함으로써 친구들이 바뀌면 상황이 좀 나아지려나? 오히려 더 나빠질 거라고 프리다는 생각했다.

다행히도 프리다는 학교 성적이 좋았다. 그것이 아이를 그나마 위로해 주었다. 하지만 그것 이외엔 기쁨을 주는 일이 없었다. 아이는 공부가 유일하게 자신의 흥미를 끄는 것이라고 진지하게 말했고, 좋은 성적을 유지하기 위해선 엄청나게 노력을 기울여야 한다고 했다. "반 친구들이 날 짜증나게 하지만, 그건 그리 큰 문제는 아니에요. 어쨌거나 그들에게 신경 쓸 만한 여유가 제겐 없어요."

프리다의 짧은 이야기는 나로 하여금 몇 가지 질문을 제기하게 만들었다. 우선 왜 프리다는 그녀의 사촌들이나 학교 친구들에 대해 그렇게 엄격한 잣대를 갖고 있을까? 프리다가 말하는 것과는 달리, 그녀 자신을 스스로 소외시키고, 고통스럽게 하는 모든 사람들에 대한 거부는 대체 어디에서 기인한 걸까?

그녀가 문제의 앞뒤를 바꿔 놓은 건지도 모른다. "다른 사람들이 모두 날 짜증나게 해요"라는 말은 실은 그녀 자신이 다른 사람들을 짜증나게 하고, 거부하게 만든다는 뜻 아닐까? 일단 소속된 집단으로부터 소외되고, 떨어져 나온 후라면 "그들 모두는 못됐어요"라는 말은 충분히 할 수 있는 말이다. 아마도 내가 생각하는 것이 완전히는 아닐지라도 부분적으로는 맞을 것임을 확신한다.

투사와 동일시의 과정은 우리가 생각하는 것보다 훨씬 자주 우리 안에서 일어난다. 즉 나는 타인에게 내가 그 사람에 대해서 느끼는 감정들을 투사하면서, 오히려 그 사람이 그런 감정들을 내게서 보고, 나 자신이 대상이 된다고 생각하는 것이다. 이런 과정은 무의식에서 일어나는데, 그러면서 프리다는 학급 친구들에 대해 큰 공격성을 느끼게 되고, 반대로 친구들이 그녀 자신에 대해 원망을 갖고 있다고 생각하게 된다. 프리다는 자신에게 내재되어 있는 공격성 때문에, 그리고 타인을 향해 드러나는 공격성으로 인해 스스로 두려움을 느끼게 된다. 그런 착잡함 속에서 일반적으로 사람들은 더 심하게 행동하기를 택하게 된다. 프리다의 경우가 딱 그 경우이고, 다른 아이들이나 청소년, 어른의 경우도 마찬가지이다. 친구들과 일부러 떨어져 있는 듯한 인상을 풍기면서 마치 그들이 존재하지 않는 듯이 행동하고, 혹은 아예 그런 상황을 '스스로 만들어 낸 것처럼' 보인다. 그럼으로써 공격성과 빈정거림, 친구들에 대한 비난을 일삼게 되는데, 따라서 "그들 모두는 못됐어요"가 되는 것이다.

이러한 상황을 바꾸기란 쉬운 일이 아니다. 왜냐하면 정작 바뀌어야 할 사람은 프리다 자신이기 때문에. 하지만 변하기 위해선 사물에 대한 시선을 먼저 바꿔야 한다. 또한 프리다의 친구들도 그녀에 대한 시선과 행동을 바꿔야 한다. 이 매듭이 풀어지지 않는 한 프리다는 영원히 소외된 소녀로 남을 것이다. 주변으로부터 소외되고, 대신 자기 자신과는 보다 친밀해진 소녀로, 더 내향적인 소녀로 남을 것이다.

집단 역동성에 대한 분석은 다음과 같은 복잡한 게임에 확실성을 부여한다. 프리다처럼 다른 친구들을 '못됐다' 혹은 잔인하다, 괴팍하다, 모사꾼이다 등으로 말하고, 공격성을 보이는 한 사람을 소외시키는 과정을 살펴보도록 하자. 한 사람이 공격성을 보이면 그의 주변에 결코 뛰어넘을 수 없는 마법의 원이 있는 것처럼 집단은 그 사람을 가두어 버린다. 아주 잠깐 동안이라 하더라도 집단은 가해자를 식별해서 내치고, 그를 소외시킨 채 그들만의 행복한 시간을 보낸다. 가해자로 분류된 사람이 내가 위에서 언급한 의심스러운 점들을 행동으로 보이면, 집단은 바로 그에 대해 불길한 태도를 취하게 되고, 우리가 염려하는 '소외시키기'라는 잔인함을 각자 자신 속에서 드러내게 된다. 그럼으로써 그토록 두려워했던 감정과 태도들을 스스로 유발시키게 되는 것이다. 마법의 원은 결코 쉽게 사라지지 않는다. 만약 이런 과정이 실험 집단에서 일어난 경우라면 지도분석자가 소외된 한 사람을 대변하고, 입장을 말해 줄 수 있다. 즉 소외된 상황이 스스로 좋아서 선택한 것이 아니라, 미리 걱정하고 불안해했던 점들이 집단과 개인 간의 갈등 사이에서 드러난 것임을 설명해 줄 수 있다. 하지만 실제에서는 그것이 가능하지 않다. 아무 도움도 없이, 상황에 대한 아무런 이해도 없이 우리는 곤경에 빠진 채 정체될 수 있다. 프리다도 다른 많은 이들처럼 그녀를 둘러싼 마법의 원으로부터 빠져나올 수 없었던 것이다.

많은 이야기나 제식, 상상게임이나 백일몽에서 이런 '마법의 원'이 등장한다. 일반적으로 주인공은 자신을 보호하기 위해 마법의 원을 사용한다. "내 마법의 원으로 나는 어디든 갈 수 있다. 사나운 짐승들도 나를 공격하지 못한다." 혹은 "내 주위에 불의 원이 그려져 있다. 그래서 내게 접근하는 모든 것들을 태워 버린다. 그 안에 있는 나

는 매우 안전하다." 또는 "내 주위로 아름다운 광채가 드리워져 있
다. 그것은 부드럽고도 찬란하다. 아무도 날 만질 수 없다. 내가 가고
자 하는 곳 어디든지 난 갈 수가 있다. 나는 아무것도 두렵지 않다."

　동화 속 주인공들은 자신의 마법의 원에 대해 권능을 갖고 있다.
원할 땐 언제든 그것을 없앨 수 있다. 하지만 일이 어려워질 때도 있
다. 예를 들어 "이제 난 다른 사람들이나 나무, 자연의 사물들을 만
지고 싶다. 왕자님이 내게 가까이 왔으면 좋겠다…… 하지만 난 마
치 반대 극을 밀어내는 자석 같아서, 계속해서 다른 이들을 밀쳐내
기만 한다." 그리하여 이별의 드라마가 펼쳐진다. "다른 사람들로부
터 나를 보호하려다 보니, 이젠 그들에게 가는 법을 아예 잊어버렸
다. 그들은 그런 나를 무서워한다." '밀어내는 반대 극 자석'이 되
어 버린 한 젊은 여성은 자석을 의미하는 '끌어당기는'이라는 단어
에 슬프게도 집착한다. "나는 끌어당기는 자가 되는 것을 너무나 두
려워한 나머지, 오히려 그 반대가 되어 버렸어요. 사랑받고, 다른 사
람에게 다가가고, 더 이상 혼자 있지 않고, 외면받지 않기를 너무나
간절히 바랐었는데, 이젠 그 반대가 되어 버린 상태예요."

　엄마에게 꼭 붙어 있길 원하고, 까다로운 성격의 아기였던 프리다
가 너무 일찍 그 역시도 까다로운 아기 남동생을 본 것이 원인이 된
것 아닐까? 완전히 자신의 것이 될 수 없는, 조금도 자신의 것이 되
지 못하는 것으로부터 그녀 스스로가 고개를 돌려 버린 것은 아닐
까? 그 이후로 온 세상이 모두 그녀에게 고약하고, 잔인하고, 거부
하는 것이 되었다. 그녀 자신이 이미 거부되었기 때문에. 그래서 그
녀는 조금씩 자신만의 마법의 원을 만들어 낸 것이 아닐까? 그 마법
의 원은 다른 사람들은 결코 뛰어넘을 수 없는 것이다. 왜냐하면 그

들은 프리다가 원하는 만큼 그녀를 사랑해 주지 않았기 때문에. 마법의 원 안에서 그녀는 이제 갇혀 있다고 느낀다. "문을 열기 위해선 열쇠가 필요한데, 그것이 어디 있는지는 저도 몰라요." 그녀 자신이 열쇠를 찾거나 혹은 다른 누군가가 그녀를 위해 열쇠를 찾아 주기 전까지, 프리다는 이별과 고독이라는 고통스러운 감정을 안고 살아가야 한다.

대부분의 성장의례에는 이별의 경험이 있기 마련이다. 아이는 선배 집단에 속하기 위해 인생의 각 단계에서 승리자가 되면서 새로운 단계로 하나씩 넘어간다. 아주 오랫동안 부르키나파소에 살았던 아벨 파스키에는 젊은이들이 겪게 되는 어려운 삶의 여정에 대해 이야기한다.[22] 그는 젊은 여성 집단, 어머니 집단, 아동 집단에서의 소외 문제를 관찰 · 분석하고 있는데, 젊은 남성 집단에서 젊은 남성으로 새로이 태어나기 위해 고통과 위험, 불안, 죽음의 위기에 맞서고, 시련을 극복하는 이들의 모습을 보여주고 있다. 이 이야기에서 내 관심을 끌고 우리 주제와 관련되는 것은, 태내에서 이탈되어 나오는 단계가 아니라, 성장의 주체인 주인공보다 조금 더 나이가 많을 뿐인 선배들이 성장의례에서 담당하고 있는 역할이었다. 즉 어머니의 세계에서 분리되는 것이 갖는 영향력보다 조금 더 나이가 많은 인생 선배들의 역할이 아이의 인생에서 더 큰 비중을 차지한다는 뜻이다. 아이는 선배들에게 잔인하고 고통스러운 일종의 실습 대상으로 보내진 존재이다. 아이를 안심시키기 위해 배려하는 것은 없다. 자신이

---

22) A. Pasquier, 《살기 위해 죽기 *Mourir pour vivre*》, Paris, éd. de l'Atelier, 2000. 부르키나파소(Burkina-Fasso): 서아프리카 중부 내륙국. 수도는 와가두구이다. 〔역주〕

간힌 원 안에서는 모든 사람들이 자기에게 못되게 군다고 생각할 수 있다. 그에게 가해진 고약함이 실제로 일어난 것이 아닌 경우에도, 또한 다른 사람들도 그 이전에 소외를 경험했음을 미처 생각지 못하고, 소외에서 벗어난 후, 그 자신이 새로 오는 사람에게 헤어짐의 시련과 필수적인 고통을 겪게 만드는 집단의 일원이 되는 날이 올 것임을 모른다면 그렇게 생각할 수 있다.

마법의 원은 꼭 필요한 것으로 여겨지고, 하나의 통과의례처럼 체험되기 때문에 견뎌낼 만하다. 누군가가, 먼 조상이나 신, 아니면 내가 속한 집단이 그것을 여는 열쇠를 갖고 있다. 열쇠가 전달되면서 그들과의 관계가 돈독해지는 것이다.

하지만 서양 사회의 아이들은 그와 같은 코드의 적용하에 있지 않다. 프리다가 겪었던 것보다 훨씬 더 심각한 상황 속에서 동료 혹은 친구들의 잔인성을 경험하는 피해자들이 생겨날 수 있다.

방송 매체를 통해 접하는 사건 사고 소식들은 우리를 놀라게 하고, 충격을 주기도 한다. 한 유치원에서 새로 들어온 아이가 나이 많은 아이들의 학대의 대상이 되기도 하고, 여러 명의 초등학생이나 중학생이 한 학생에게 집중적으로 폭력(불로 화상 입히기, 구타, 성폭행, 성고문 등)을 휘두르기도 한다. 그런 경우 피해 학생은 나중에 당할 보복이 두려워 제대로 자신을 방어하지도 못한다. 마법의 원은 말로 부숴 버릴 수 있는 감옥이지만, 그 안에서 어떤 말을 해야 할지 모를 때가 많으며, 누군가 자신의 말에 귀기울여 줄 것이라는 확신도 없으며, 보호받을 수 있을 거라는 보장 또한 확실치 않다. 이런 상황에서 나이 어린 가해자들이 살인자가 될 가능성은 얼마든지 있다. 폭력성의 절정이 가져올 수 있는 결말은 바로 죽음이다.

다행히도 그런 비극적인 상황은 흔히 일어나는 일은 아니다. 성인들의 세계는 이에 대해 눈살을 찌푸리고 놀라워한다. 어른들은 곧바로 아이들의 눈앞에 아무런 통제 없이 펼쳐지는 TV 속의 폭력성을 비난한다. 아무런 제어도 없는 상황에서 아이들이 무심코 허구와 현실을 구분치 못하고 스스로 공포 영화의 주인공이 되어 버리는 일은 그리 놀라운 일이 아니다. 또한 수많은 아이들이 교육받지 못하고, 사회에 적응하지 못한 상태로 방치되고 있다는 사실을 지적하고 싶다. 폭력적이고 방관자적인 사회에서 일어난 드라마틱한 결과가 아닐까? 이 모든 것은 꾸며낸 일이 아니다. '좋은 집안의 아이들' 또한 악마 같은 마법의 원으로 들어가서 피해자가 될 수도, 가해자가 될 수도 있다. 따라서 우리는 원인을 다른 쪽에서 찾아봐야 할 필요가 있다. 즉 우리 자신과 우리 주변 사람들 속에서 인간의 의미를 재정립하고, 자신과 타인에 대한 존중을 바탕으로 인격을 구성하는 가치들을 창조하고 재발견해야 하며, 폭력이 아니라 용기를 가르쳐야 하고, 아이들이 가해자가 되거나 가해자와 같은 경험을 시도하기 이전에 잔인성을 행동화하는 친구들 이외에 터놓고 이야기할 수 있는 다른 대화자가 그들 곁에 있다는 것을 일깨워 주고, 아이들에게 말할 수 있는 기회를 부여해야 한다. 또한 피해 아이들에게는 적당한 말로 자신의 절망스런 심경을 언어화하여 표현할 수 있게 해주어야 한다.

어떤 소녀는 자신에게 닥친 안좋은 경험을 다음과 같이 간단히 설명할 줄 안다. "그들이 내 엉덩이에 손을 댔어요. 나중에는 마구 만지작거렸어요!" 그러나 '잘 교육받은' 다른 한 소녀는 같은 경험을 하고도 이렇게밖에 말하지 못한다. "그들은 짐승이에요. 그들은 내게 못되게 굴어요. 나를 겁나게 했어요……"——그 소녀는 더 이상 스스로 표현할 수 있는 말을 찾지 못했다.

마법의 원은 때때로 여러 겹의 울타리를 갖고 있다. 그 중에는 언어 표현의 불가능성을 내포하는 울타리도 있다. 그 울타리 내에서 아이는 다른 사람들과 분리되어 완전히 외톨이인 자신을 발견한다.

더 이상 서로 사랑하지 않는 것은
너무나 슬픈 일이에요

내가 여섯 살이었을 때 값비싼 책을 한 권 선물받았었는데, 그 책은 우리 집 서재에 한 자리를 차지하게 되었고, 그 자리에서 영원히 잘 보관되고 있다. 그것은——요즘은 더 이상 책을 그렇게 만들지 않지만——책갈피 가장자리에 금박가루를 입힌 붉은 양장 표지의 아주 큰 책이었다. 종이도 적당히 두꺼운 재질이어서, 나 같은 꼬마 여자아이가 쉽게 구기거나 더럽히지 않고 책을 읽을 수 있게 만들어져 있었다. 그 책의 책장을 얼마나 많이 넘기고 또 넘겼던가! 나는 그 중에서도 '눈의 여왕' 이야기를 백 번도 넘게 읽고 또 읽었는데, 거기에는 안데르센이 처음 썼던 대로 운문체인 《눈의 여왕》 전문이 실려 있었다.[23] 내가 그 이야기에 그토록 감명받았던 이유에 대해 오랫동안 생각해 보았는데, 그 이유는 아마도 내가 눈을 본 적이 없었기 때문이었던 것 같다. 단지 부모님으로부터 들은 것이 전부였던 그 신비로운 눈의 세계가, 내가 읽은 책 속에 나오는 눈에 대한 설명들이

---

23) Andersen, 《짧은 이야기들 Contes》, Paris, Mercure de France, 1943.

나를 꿈꾸는 아이로 만들었다. 당시 나는 온통 초록색뿐인 더운 열대 지방에 살고 있었기 때문에. 내 기억 속에서 푸르기만 했던 하늘은 사람들이 내게 말해 주었듯 하얀 눈송이를 내려보내 줄 기미조차 보이지 않았다. 또한 제르다가 그토록 찾아다닌 울보 꼬마 한스를 데려간 얼음처럼 차가운 매력의 눈의 여왕이 요술 마차를 타고 내게로 올 징조는 전혀 보이지 않았다. 그 이야기에서 나를 사로잡았던 또 한 가지는 헤어짐의 비극이었는데, 이별을 받아들이지 않고 맞서 대항한 제르다가 마침내 친구를 되찾는 승리를 쟁취한다는 점이 나를 감동시켰다. 제르다는 사랑하는 한스와 헤어졌다. 왜냐하면 한스는 눈의 여왕을 만나 심장이 얼어 버렸고, 얼음 궁전에서 제르다를 잊어버린 채 살고 있었기 때문이다. 지금 생각해 보면 그때 당시, 이미 말했듯이 나는 내 아버지의 직업 때문에 어쩔 수 없이 겪어야만 했던 이별들에 괴로워하고 있었고, 사라진 친구를 찾기 위해 모든 것을 불사하고, 모든 위험을 무릅쓰는 이야기 속 소녀에 나를 투사하고 있었다. 그 소녀는 삶이 이미 끊어 놓은 것처럼 보이는 실을 다시 잇기 위해 자신이 가진 애정과 우정으로 서로 사랑하는 사람들을 떼어 놓은 잔인한 운명에 맞서 대항할 줄 아는 인물이었다. 이제 나는 이 환상 동화가 이미 언급한 많은 다른 이야기들과 마찬가지로 자아를 찾아 떠나는 '변신 이야기,' 혹은 아이가 온갖 시련을 극복한 후 어른이 되어 돌아오는 '성장 이야기'임을 잘 알고 있다.

이미 언급한 부분에 대해서 다시 설명하느라 시간을 지체하지는 않겠다. 여기에서는 헤어진 친구에 관한 부분만 이야기하려 한다.

꼬마 한스가 눈의 여왕의 커다란 외투에 싸인 채 사라진 사건은 그 일이 있기 며칠 전, 한스가 겪은 어떤 사건의 후속편일 뿐이다. 즉 눈

의 여왕을 만나기 전, 나쁜 천사들에 의해 하늘에서 깨진 거울 조각
들 중 하나가 한스의 심장 깊숙한 곳에 박히게 되는데, 그로 인해 한
스는 그때까지 제르다에게 품고 있던 따뜻하고 애정 넘치던 마음이
순식간에 건조하고, 딱딱해져 마치 얼음처럼 차갑게 변해 버리게 된
다. 그것은 한스에게 있어서 순진무구하고 온화했던 어린 시절과의
단절을 의미한다. 남겨진 여자 친구 제르다는 한스를 따라가기 위해
자신의 유년 시절에게 이별을 고한다. 그녀는 한스가 자신을 버려두
도록, 그의 고향과, 집과, 친구들을 저버리도록 가만히 보고 있지만
은 않았다. 오직 그를 위해 제르다는 모든 것을 버리고, 모든 것을
감수한다. 마침내 마법을 깨뜨리고 얼음 궁전에서 한스를 구해 낸
제르다는 그와 함께 그녀를 무섭게 만들었던, 도움을 받고, 길 안내
를 받으며 지나갔던 모든 장소들을 하나하나 다시 통과하여 무사히
집으로 돌아오는 승리를 거둔다. 그것은 사랑으로 전환된 성실한 우
정의 승리였다. 이것은 한 번의 이별이 있었기에 '훨씬 더 감동적
인' 재회였다. 이 표현은 한 소년이 가장 친한 친구와 한동안 이별
을 한 뒤, 상처와 고통의 시간 후에 더욱 큰 위안과 용서와 새로운
우정을 경험하게 되었음을 내게 말해 주면서 썼던 말이다.

좋은 경험이긴 하지만, 어린 시절에는 그리 흔히 일어나는 일은 아
니다. 왜냐하면 이별이란 종종 유아적인 질투에 의해 생겨나는 불화
를 원인으로 하기 때문이다. 그라티엔은 내게 말한다. "제 생각엔 세
사람이 되면, 그때부터 바로 무언가가 삐걱거리기 시작하는 것 같아
요. 지나와 저는 둘이 잘 지냈어요. 하지만 멜라니가 오면서부터 싸
우기 시작했죠. 한 번은 이쪽과, 다음번엔 저쪽과. 그러는 것이 내겐
힘이 들었어요. 이제 지나와는 끝났어요. 더 이상 그 애는 내 친구가

아니에요."

다른 한 소녀는 더 깊은 생각에 잠겨 있다. 그녀도 한 친구를 잃었다고 생각하는데, 이렇게 말했다. "서로 더 이상 좋아하지 않는다는 건 너무 슬픈 일이에요."

그녀는 더 어렸을 때 끝난 다른 우정에 대해 생각한다. 그때 그녀는 매우 화가 나 있었고, 단지 '화가 난 상태'였을 뿐이었다. 하지만 지금 그녀는 슬픔에 잠겨 있다. 아마도 우정이 끝났음을, 신뢰가 무너졌음을 알고 있기 때문일 것이다. 이별이 진행되었다. "나는 그 애한테로 결코 돌아가지 않을 거예요. 더 이상 그 애를 친구로서 사랑하지 않으니까요."

사람들이 그녀에게 혹시 잘못 생각하고 있는 것은 아닌지 물을 수도 있다. 하지만 그녀는 자신이 잘못하고 있는 것이 아님을 알고 있다. 어쩌면 그녀는 내게 사랑했던 남자와 세번째로 헤어진 사실을 말해 준 한 여성의 지혜를 미리 알고 있었던 건지도 모르겠다. "저는 그를 이미 두 번이나 떠나 보냈어요. 제가 그랬죠. '우린 끝났어. 헤어지자!' 그러자 그는 애원하고, 용서를 빌었고, 자신이 변하겠다고 다짐했죠. 그래서 다시 시작했어요. 하지만 예전의 생활이 반복될 뿐이었어요. '이번엔 정말 끝이야'라고 내가 말했어요. 행여 다시 만나게 된다면 서로 인사는 할 수 있겠지. 하지만 이젠 정말 끝이야. 우린 더 이상 함께가 아니야. 그리고 가장 슬펐던 건, 내가 더 이상 그 사람을 사랑하고 있지 않다는 거예요." 달리 말하면, '가장 슬픈 건, 내가 마음속 깊은 곳에서 이미 그를 떠났다는 것이죠' '가장 슬픈 건, 이별이 나를 그다지 슬프게 만들지 않는다는 사실이에요' 일 것이다.

또한 가치 선택의 기준이 바뀌어서 예전에 사귀었던 친구가 더 이상 친구가 되지 않는 경우도 있다. 간혹 위험이나 폭력의 순간에, 혹은 망각 때문에 그럴 수도 있다. 그런 이유로 사춘기 소년·소녀들은 매우 고통스런 경험을 하게 된다. "마티유는 너무 변했어요. 술집을 전전하면서 인생을 낭비하고, 구걸까지 해요. 내 친구였다는 게 창피스러울 지경이죠. 그를 더 이상 보고 싶지 않아요." 이런 이별은 어른들에게도 있을 수 있다. 이제 더 이상 공통점이 없는 옛날 친구들은 자연스레 멀어진다. 아라공의 시 〈장미와 물푸레나무〉에서는 그렇지 않다. 왜냐하면 '하늘을 믿는 자와 그렇지 않은 자'는 어쨌거나 동일한 선택을 하고, 똑같이 사랑의 자유를 위해 투쟁하고, 피와 눈물이 뒤섞이기 때문이다. 이 시에서 이별은 없다. 영원히 같이 있고, 서로 사랑하며, 함께 죽는다.

우정, 사랑, 똑같이 행동하기, 같은 가치관, 이러한 것들이 잠시나마 인간에게, 태어나면서부터 혼자인 인간이란 존재에게 고독이라는 큰 짐을 해소하고 잊게 해줄 수 있을까?

그렇다. '인간은 혼자 살고, 혼자 죽는다'라고 파스칼은 썼다. 인간은 잠시나마 다른 사람의 상처를 메꿔 줄 수 있고, 타인 역시 내 상처를 잠시나마 어루만져 줄 수 있다. 플라톤이 만들어 낸 한 우화에서, 오래 전 인간의 조상들은 올림포스 산을 습격함으로써 신에게 대항하였다가 무거운 벌을 받게 된다. 그 당시 인간들은 공처럼 둥근 모양을 하고 있었다. 벌로 몸이 두 동강난 인간은 잘려나간 자리를 바늘로 꿰매었고, 꿰맨 상처는 몸 중간에서 배꼽으로 남았으며, 얼굴은 그 상처를 다시 잊어버리지 않게 하기 위해 항상 상처 쪽을 바라보고 있게 되었다. 또한 그 상처를 잊어버리지 않기 위해 일부러 애쓰지 않아도 되었는데, 왜냐하면 그때 이후로 인간은 자신의 잘려나간 반쪽을 찾아 완전한 하나를 이루기 위해 언제나 그 반쪽을 찾아 헤매야 했기 때문이다. 《향연》에서 플라톤은 사랑을 이렇게 설명하고 있다. 희망과 절망, 향수, 하나인 줄 알았던 것과의 이별로 인해 느끼는 고독의 감정도 이렇게 설명될 수 있다. 마지막으로 사랑하는 누군가와, 어떤 집단과 결코 헤어지지 않고 하나됨을 느낄 때, 우리 속에 가득 차는 충만함의 감정——비록 그것이 오래 지속되진 않지만——또한 상징적으로 이해할 수 있을 것이다.

〈구약성서〉와 〈신약성서〉에서도 비록 완전히 다른 용어로, 완전히 다른 상상의 세계 속에서이긴 하지만, 동일한 주제를 우리에게 던져주고 있다. 결혼으로 결합된 남자와 여자는 하나이다. 그들은 하나의 동일한 육체이다. 이브의 육체는 아담의 것으로부터 나왔고, 두 사람의 육체는 그 표식을 몸에 영원히 지니게 되었다. 그리스도는 그의 교회와 마치 남자와 여자처럼 결합되어 있다. 시간의 영원 속에서 그리스도의 육신은 인간에게 항상 현존하며, 그리스도를 통해 신이 인간과 함께하신다. 성서에서 융합을 주제로 하는 글들을 많이 발견할 수 있음은 사실이다. 융화되는 기쁨과 혼돈을 겪다가 마침내 우리 자신에게로 통합되는 그 기쁨을 나타낸 글들을 찾아볼 수 있다. 기억의 회복이나 어머니와 아이 사이의 밀접한 관계에 대한 향수같이 더 이상 플라톤의 알레고리나 성경의 일부로만 머물러 있지 않는 가정은 충만한 융합의 체험과 연관지어 생각할 수밖에 없을 것이다. 그것은 공생적인 결합이자 융합에의 환상이며, 개별화 과정을 거치지 않은 개인의 죽음 없이는 지속될 수 없는 것임을 우리는 알고 있다.

생후 18개월쯤에 거치게 되는 거울 단계는 아이가 거울 속에서 자신의 이미지를 자신의 것으로 알아보게 되는 시기로, 필수적이고 결정적인 이 단계는 아이가 자신을 자신으로 받아들이고, 타인을 타인으로 인식하게 되는 중요한 과정을 의미한다. 아이가 '나' '너' 그리고 '예' '아니오'를 말할 줄 알게 되는 때가 오면, 아이는 상대방을 속이려 애씀으로써 타인에 대한 자신의 힘[24]을 제어하고 표현할 줄 알게 된다. 이 시기가 바로 분화의 시기, 즉 이탈의 시기인데, 타인과 구별되는 기쁨을 느끼는 것으로 특징화시킬 수 있다. 동시에 애정·사랑·우정·증오와 같은 감정을 느끼는 단계로 이행한다. 분리 단계——이별——가 없으면 어떠한 감정도 있을 수가 없다. 슬픔의 감정도 마찬가지이다. 이별의 인식이 "더 이상 서로 사랑하지 않는 것은 너무 슬픈 일이에요"와 같은 문장으로 소리 높여 확인되듯이.

꼬마 제르다는 친구와 자기 사이를 갈라 놓은 거리를 인식할 줄 알았기에 나를 감동시켰다. 제르다는 그 거리가 좋은 것이 아님을 깨달았고, 올바른 판단과 결심으로 여전히 사랑하고 있는 친구의 과오를 바로잡아 주기 위해 길을 떠났다. 그녀에게 슬픔은 없었다. 대신 이별의 공간을 뛰어넘게 해준 용기와 판단력을 갖고 있었다. 두 사람이 마침내 어린 시절을 보냈던 집으로 돌아왔을 때, 그리고 현실 속에서 서로의 존재를 알아보았을 때, 두 사람은 이미 어린아이가 아니었다. 둘은 어른이 되어 있었고, 장미나무는 되찾은 봄을 맞아 꽃을 피우고 있었다.

---

24) V. Jankélévitch, 《덕성론 *Traité des vertus*》, Paris, Flammarion, 1998.

떠나기…

이 책의 앞부분에서부터 지금까지 여러 번에 걸쳐서 나는 내가 어린 시절 겪었던 이별의 경험들이 얼마나 나를 슬프게 만들었는지 ──엄청난 비극은 아니었다 하더라도──에 대해, 그래서 내가 모든 이별에 대해 얼마나 예민해졌는지에 대해 이야기했다. 그래서 더나는 내가 열여덟 살 때 전쟁 말기에 돌보았던 아이들에 대해서 많은 애잔함과 안타까움을 느꼈던 것 같다. 그 아이들은 전쟁으로 위험해진 도시의 집을 떠나 산 속으로 피난을 와 있는 상태였다.[25] 작은 새들이 하늘을 날고, 햇빛을 받은 구름처럼 행복하고 즐겁게 마치 휴가를 즐기듯이 우리는 산 속에서 안전한 생활을 하고는 있었지만, 실제로 그 아이들은 언제 끝날지 모르는 전쟁을 피해 부모에 의해 기약 없이 그곳에 보내진 상태였다. 하루하루는 즐겁게 흘러갔다. 비록 가끔씩 멀리서 전쟁의 포화 소리가 숲과 계곡을 통과하여 들려오긴 했지만. 그곳에서 우리는 집 소식을 알음알음으로 전해 들

---

25) 《우리에게서 멀리 있는 그들은 행복할까? *Sont-ils heureux loin de nous?*》, Paris, Fleurus. 1998.

기도 했는데, 부정확하긴 했지만 누구네 집이 '부서져서,' 부모님이 친척 집으로 피신했다는 등의 소식을 듣곤 하였다. 아예 소식이 끊겨서 전혀 모르는 경우도 많았다. 점점 하루가 길게 느껴지기 시작하였고, 우리가 겪고 있는 이별이 더 오래 지속될지도 모른다는 것을 인식하게 되었다. 그곳은 계절 학교니 하는 그런 곳이 아니었기에, 일종의 균열과도 같은 깊은 산골짜기가 부모님과 아이들을 갈라 놓고 있었기에, 어쩌면 영원히 뛰어넘어갈 수 없을지도 모르는 공간 속에 갇혀 있다는 느낌을 지울 수 없었다. 지금은 너무나 많은 세월이 흘렀지만, 그때 당시 그 아이들이 자신의 불안한 심정을 그대로 드러내 보이지 않았던 것을 기억하면 지금도 대견스러운 마음이 든다. 그들은 어찌할 수 없는 문제들을 일부러 들춰내어 말하지 않음으로써 불안한 생각들로 스스로를 괴롭히지 않았고, 그런 신중함이란 지혜를 누가 말해 주지 않았는데도 이미 터득하고 있었던 것 같다.

밤 시간은 더욱 괴로웠다. 잘 때 훌쩍이거나 흐느끼는 아이들도 더러 있었다. 한밤에 공동 침실을 순찰할 때 그런 소리를 들을 수 있었다. 나는 그런 아이들을 끌어안고 다정한 말을 속삭여 주곤 했다. 잠자리에다 쉬를 하는 것도 아이들에겐 일종의 언어이다. 달리 어떻게 말로 표현할 줄을 모르기 때문에 그런 증상들을 보이는 것이다. 말은 없었지만 아이들이 느끼는 슬픔은 배가되고 있었다.

철도가 복구되고 뱃길이 새로 나서 도시로 다시 돌아갈 수 있게 되었을 때, 몇 달이나 떨어져 있던 가족의 품으로 돌아간다는 기쁨과 함께 한편으로 아이들은 그곳에서 함께 지낸 사람들과 헤어져야 한다는 사실에 대해 슬퍼하고 힘들어했다.

나 역시 마찬가지였다.

우리는 아무런 확신 없이 서로 주소를 교환하였다. 나는 그 주소들을 한 번도 사용한 적이 없다. 그때까지 여전히 폐허 같았던 도시에 도착하여 우리는 뿔뿔이 흩어졌다. 희망과 두려움과 상처를 가슴에 안은 채, 각자의 삶을 향해 출발하였다.

이후로 나는 청소년기에 내가 참여했던 여러 캠프들에서 다른 아이들보다 준비된 상태로 임할 수 있었다. 그런 기회들을 통해 나는 떠나는 기쁨을 만끽하였고, 새로운 친구들을 만나 좋은 점들을 본받고, 나의 장점들도 마음껏 보여줄 수 있었다. 몰랐던 사람들과 새로운 관계를 만드는 것, 가족 이외의 다른 사람들로부터 인정받고, 나 자신을 보여주는 기회를 갖는다는 것은 정말 멋진 일이었다.

가족을 떠나 멀리 간다는 것의 유익함을 나는 알고 있었다. 나의 부모님은 어린 나이에 누리는 자유가 주는 정복감을 이해하고 계셨고, 나를 응원해 주셨다. 아버지는 내가 처음으로 집을 떠나 멀리 가는 것을 기념하기 위해 당신이 오랫동안 간직하고 계시던 250밀리미터짜리 금속컵을 반짝반짝 윤이 나게 닦아서 내게 건네주셨다. 그 소중한 보물은 아버지가 내게 갖고 계신 신뢰의 상징이자 내 독립성을 인정하는 훈장이었다. 나는 당시 그리모(옛날 우리 집의 애칭)에 무단으로 살고 있던 사람들이 낸 소송으로부터 우리 집을 보호하기 위해 혼자서 6개월 동안 그곳에서 지내야 하는 상황이었다. 그곳에 머물렀던 시간 동안, 고독은 내 자유 의지를 더욱 단단하게 해주었고, 많은 양의 독서와 혼자 있을 줄 아는 능력을 배양해 주었다. 살던 도시에서 멀어진 채로, 가족과, 친구들과, 언니와 헤어진 상태에서 나는 비로소 내가 키우기를 원했던 내 속의 힘들을 발견할 수 있었다. 다른 사람들과 떨어져서 보낸 그 경험들이, 오히려 그들에 대해 더 생각하고, 그들 말에 귀기울이고, 더욱 진실한 관계 정립을 가능하게 해주었음을 나는 깨닫게 되었다.

주변 환경이 믿을 만하고, 돌아오는 시기가 확정되어 있다면, 우리 아이들이 가족의 울타리를 떠나 외부 세계를 경험하고 오는 것에 나는 적극 찬성한다. 최초로 경험하는 이별은 아이들에게 실로 많은 것을 가져다 줌을 나는 확신하기 때문이다.

그때 아이들은 미지의 것을 접하게 되고, 그때까지 모르던 새로운 친구들을 만나며, 가족이 아닌 다른 어른들과도 접촉할 기회를 가질 수 있다.

그럼에도 불구하고 내 자식들을 실제로 어딘가로 떠나 보내기가 처음엔 어찌나 힘이 들던지! 온갖 걱정과 불안, 노파심으로 가득했던 당시의 나는 매우 소심했던 것 같다. 물론 부모의 그런 태도는 여러 가지 이유로 설명되고 이해될 수 있다. 풍속의 빠른 변화, 새로운 가치의 생겨남과 교환 가치, 신세대들의 새로운 행동 양태 등… 그래도 어쨌든, 그런 방황이 간혹 해로운 방랑과 혼동되기도 하지만, 구속의 역할은 수행한다. 그렇다면 무엇을 어떻게 선택할 것인가? 어떡하면 최선을 다하는 것이 될까? 자녀의 교육에 대해 조바심을 내며 상담을 요청한 한 어머니에게 프로이트는 다음과 같이 말했다고 한다. "너무 걱정 마세요, 부인. 무얼 해줘도 충분치 않은 건 마찬가지일 테니까요." 프로이트의 이 말에 전적으로 동의한다. 염세주의적이면서도 유머에 넘치는 그의 대답이 내 마음에 쏙 든다!

조는 미국으로 청소년 캠프를 떠났다. 다녀온 후에 내게 그곳에서 지낸 일을 말해 주게 되었다. 그것은 완전히 새로운 경험이었다. 젊은 미국인들과 책임자 선생님 한 명과 함께 야외에서 보낸 그곳의 생활은 정말 멋졌다. 산악 지대에서 식물 채취와 사냥으로 야생의 생활을 체험하는 프로그램이었다. 불을 지피고, 인디언 천막에서 야영을 했으며, 별을 세고, 별자리를 찾아보기도 했다. 노래하고, 갈대 줄기로 피리를 만들어 불고, 음악을 연주했다. 그 여름 이후로 아이는 '조'라는 미국식 발음으로 불렸다. 조는 내년 여름에 그곳으로 다시 떠날 생각만 하고 있었다. 하지만 조건이 있었다. 영어 시험에서 1등을 하는 것과, 비용 충당을 위해 용돈을 조금 아껴두는 것이었다.

조의 이야기에서 나는 바덴 파웰[26]의 옛 멜로디들이 보다 풍성하고 현대적인 방식으로 정리되었다는 느낌을 받았다. 결론적으로 말하자면 모든 제안은 그것이 아무리 좋은 것이라 할지라도 그것을 살아 있는 것으로 만들어 줄 실체에 의해 활성화되지 않는 이상 낡아빠지고 정체된 것으로 남을 뿐이라는 것이다.

콜랭이 나에게 자신의 방학 계획에 대해서 말해 줬을 때, 나는 다소 당황하였다. "친구 두 명과 함께 떠날 거예요. 어디로 갈지는 아직 안 정했어요. 텐트를 갖고 갈 건데, 그걸 사용하게 될지는 잘 모르겠어요. 용돈을 아껴서 모아두긴 했는데, 부모님이 돈을 좀 보태 주시겠죠, 뭐."

나는 부모님들이 여행을 허락해 주셨는지 조심스레 물어보았다. "아직 여쭤 보지 않았어요. 허락을 받긴 받아야겠죠."

콜랭과 친구들은, 다른 많은 아이들과 마찬가지로 여행에 대한 정

---

26) 바덴 파웰(Baden-Powel, 1937-2000): 브라질의 재즈 기타리스트이자 작곡가. 〔역주〕

확한 계획이나 책임자를 정해 놓고 있지 않았는데, 그들은 겨우 열두 살이라는 게 더 큰 문제였다!

그들의 부모는 타협적이지만 주저하고 있었다. 결코 신세대 부모는 아니었다! 열세 살 알렉산드라의 부모도 마찬가지이다. 그들은 딸이 친구들과 함께 '장소는 아직 안 정했지만' 일주일간 여행하는 것을 반대하였다.

부모님이 걱정하는 것은 자녀와 떨어져 있다는 것일까? 꼭 그것 때문만은 아닐 것이다. 아이들은 "부모님은 내 행동에 대한 주도권을 주지 않아요"라고 투덜댄다. 이는 부모 자식 간의 관계의 문제이기보다는 감정의 문제로 보아야 한다. 서로 떨어져 지내는 것은 좋다. 하지만 그것은 신중하게 행해져야 한다. 보호책도 없이 아무 곳에나 가는 것은 위험천만한 일이다. 이런 반응에 대해 콜랭과 알렉산드라는 말한다. "치! 그럼 잘 정비된 프로그램을 가진 캠프에서 다치는 아이들은 뭔가요? 다른 아이들과 잘 어울리지 못하면요?" 등등.

결국 콜랭과 알렉산드라의 부모는 정해 놓은 기간 동안 '어디에 있는지 정확한 위치를 알려 준다' 는 조건하에 여행을 허락했다. 장소를 옮길 때마다 연락을 한다고? 당시에 그것은 그리 쉬운 일이 아니었다. 휴대전화를 사지 않고서는. 매번 연락을 하려면 그럴 수밖에 없다. 보이지 않는 무선이 그들을 분리될 수 없는 끈으로 연결해 줄 것이다. '내가 깨어 있지 않은 때를 제외하고…' 하지만 그것은 당장은 불가능했다. 그들은 몇 년을 더 기다려야 했다.

언젠가 좀 먼 거리를 택시로 이동한 적이 있었는데, 그 택시 기사는 내게 목적지로 가는 동안 휴대전화에 대한 자신의 생각을 말해 주었다. 그는 직업상 늘 길 위에 있을 수밖에 없는데, 그의 아내는 저녁에 7시나 8시가 되어야지만 집으로 돌아올 수가 있었다. "열두 살 짜리 아들 녀석이 있는데, 엄마보다 늘 일찍 집으로 오죠. 그러면 제가 아이에게 전화하거나, 아이가 제게 전화를 겁니다. 그렇게 늘 서로를 확인하죠. 그것이 우리 부자가 함께하는 방식입니다."

휴대전화 덕에 헤어짐이라는 게 사라졌다! 어디에 있든간에 서로 함께할 수 있다. 휴대전화가 표상하는 현실적인 끈 덕택에 더욱 분명해진 거리가 만들어 낸 재미있는 장면을 목격하게 되었다. 요즘은 대부분의 부모가 다 휴대전화를 갖고 있고, 아이들도 점점 어린 나이에서부터 소유하게 된다……. 나는 기차를 타고 있다. 한 소녀가 내 앞 자리에 앉았는데, 그녀의 아버지는 커다란 여행 가방을 흔들리지 않게 잘 자리잡아 준 후 기차에서 내리고 배웅을 마쳤다. 기차가 출발하자 그 소녀는 아버지에게 감사하다는 전화를 한다. 조금 뒤 할머니에게 전화를 걸어, 아무 일이 없다면 네 시간 후에 도착해서 만나게 될 것을 알린다. 하지만 기차는 연착된다. 소녀는 아버지와 할머니, 그리고 역으로 그녀는 마중 나올 대부에게 차례로 전화를 걸어 기차의 연착을 알린다. 기차가 더 오랜 시간 지연이 된다. 소녀는 다시 전화기를 든다……. 어찌 될지 모르는 기차의 연착으로 인해 소녀의 전화 횟수는 급증한다……. 독립은 요원해진다! 암, 그렇고 말고! 소녀는 내게 설명하듯 말한다. "괜히 아버지나 할머니가 걱정하고 계실 필요가 없잖아요!" 또한 그녀의 대부도 역에서 그녀와 그녀의 가방을 할머니 댁으로 잘 데려다 주기 위해 상황을 알고 있어야 한다. 만약 휴대전화가 없었다면 어떻게 되었을까?

기차에서 만난 그 소녀는 혼자 길을 떠난 것은 분명하다. 하지만 그녀가 진정 가족과 헤어져 있고, 혼자 모든 것을 감당한다고 말할 수 있을까? 그렇지 않다고 본다. 소녀는 안도의 미소를 지으며 내 앞 자리를 떠났다. "대부께서 저기 나와 계시네요! 그럴 줄 알았지!" 물론 옆에 있던 나도 그럴 줄 알고 있었다.

자클린 브룬이 그녀가 열 살 때 기숙사로 떠났을 때를 회상하며 쓴 글[27]은 위의 일화와 큰 차이를 보인다. 그녀가 느꼈던 상실감, 절망, 자신의 나약함에 대한 실감, 참을 수 없는 헤어짐의 순간에서 자기를 구해 주지 못하는 어머니의 무능력에 대한 원망… 등. 또한 내가 어머니에게서 들은 20세기초의 기숙사생활과도 너무나 틀렸다. 단지 3개월간 떨어져 있을 뿐인데도, 집과 기숙사 간의 거리가 엄청나게 멀게 느껴졌던 건, 아마도 몇 번씩 갈아타야 했던 기차와 지금에 비하면 엄청나게 느린 기차의 속도 때문이었을 것이다. 그때는 절망이라곤 없었다. 당연히 그런 것이라고 생각했을 뿐. 공부를 계속하길 원한다면 부모님과 헤어질 수밖에 없었다. 그것을 감내해야 했다. 물론 전화도 없었다. 일주일에 한 번씩 편지를 쓸 뿐이었다. 기숙사 사감은 매우 엄격했고, 어떠한 예외도 없었으며, 헤어짐의 불안감이 자리잡을 여유도 없었다. 가끔씩 서글퍼질 땐 있었지만![28]

어떤 경우엔 아이 자신이 직접 이별을 원하고, 선택할 때도 있는데, 그것이 자신에게 꼭 필요하다고 느끼기 때문이다. 다음의 몇 가지 일화가 바로 그런 경우다.

르노는 기숙사로 보내 줄 것을 부모님께 요구했다. 그의 부모는 헤어진 상태였다. 르노가 어머니와 함께 있을 때, 어머니의 지나친

---

27) J. Brun, 《불안이여, 너 거기 있느냐? *Angoisse es-tu là?*》, Paris, Fleurus, 2000.
28) S. Prou, 《마르그리트가 남긴말 *Le Dit de Marguerite*》, Paris, Calmann-Lévy, 1986.

아들 사랑이 오히려 아이를 비정상으로 만들었다. 아이는 집 안에서 남자 가장의 역할을 하고자 했지만, 실제로 그건 불가능한 일이었다. 그러자 아이는 어머니에게 맞서고, 걱정할 일을 만들고, 공격적으로 변했다. 어머니는 아이에게 아버지 집으로 가서 사는 것이 어떻겠냐고 했다. 하지만 그의 아버지는 집에서 거의 살지 않다시피 했다. 늘상 여행중이었다. 그리고 르노는 아버지를 따분하게 생각했다. 심심하지 않기 위해서 르노는 아버지에게 말도 안 되는 일들을 요구하곤 했는데, 언제나 그 끝은 불화였다. 견디다 못한 르노는 해답을 찾아냈다. 기숙사로 들어가는 것이 그것이었다. 그러면 서로 떨어져 지낼 수 있다. 매주 어머니와 아버지를 한 번씩 번갈아 가며 보면 된다. 프랑스 내의 멀리 떨어진 곳에 괜찮은 기숙 중학교가 있다면, 그곳으로 갈 수 있을 것이다. "그러면 평온함을 되찾을 것 같아요……. 방학 때만 집에 오면 되니까요." 아이가 꺼리는 것이 무엇인지는 정확하게 알 수 없었지만, 어쨌든 그의 부모는 3백 킬로미터 떨어진 곳에 있는 한 중학교를 찾아냈다. 이제 방학 때를 제외하면 서로 자주 볼 수 없을 것이다. 르노는 이에 만족한다. "좀 멀리 떨어져 있을래요. 그게 마음 편해요." 부모님으로 인해 생기는 문제들과 더 이상 부딪치지 않기 위해 아이가 자진해서 선택한 이별이다. 또한 이것은 서로 상처 입히고, 상처 입지 않은 채 성장하기 위한 이별이기도 하다.

반대로 이별을 결심하거나 떠나기를 원하는 것이 공격적으로 이루어졌을 때, 또한 돌아오지 않기를 바라면서 이별이 서로에게 상처를 주면서 행해졌을 때는 모든 것이 너무나 힘겹게 느껴지기 마련이다. 한 사춘기 소년이 말한다. 절망과 분노로 이를 악문 채. "내가 너무 많은 사고를 치고 다녔다고 부모님이 내 친권을 해제했어요! 친권을 포기했다고요. 이해가 되세요? 더 이상 제 행동에 대해 부모로서의 책임을 지지 않겠다는 거죠. 제가 어른이 되기 위해서라고… 말은 그럴싸하지만 친권 포기라니! 그래서 저는 떠나요. 이제 저에 대한 말은 더 이상 듣지 않아도 될 거예요." 이 경우 아이와 부모 사이의 균열은 그것으로만 끝나는 것이 아니고, 그렇다고 그것만이 결정적인 것도 아니다. 단지 이별이 진행된 과정을 나중에 기억해 본다면, 그것이 사라지지 않는 상처로 남을 것임은 분명하다. 이 경우 부모는 아들의 심각한 비행에 대해서 단절이라는 행동으로 응답했다. 아들은 이에 대해 지리적으로, 동시에 정신적으로 이별을 고함으로써 자기 입장에서의 단절을 선언했다. 어쩌면 아이가 집으로 돌아오는 것이 가능할지도 모른다. 하지만 남아 있는 상처의 흔적은 예사롭지 않을 것이다.

그렇다면 최종적인 이별이란 무엇을 의미하는가? 사춘기 아이의 가출은 하나의 경종이며, 구조 요청 신호이다. 자살도 마찬가지인데, 어린 자살자는 진정으로 죽기를 원하지 않는다. 경고의 외침이고, 살려달라는 요청이다. 단지 그 시기의 아이들은 자기 자신을 정확한 말로 표현할 줄 모를 뿐이다. 또한 주변의 사람들이나 부모가 그들의 목소리에 제대로 귀기울여 주지 않기 때문이다. 밤의 꿈속에서, 비몽사몽간에 꾸는 꿈에서, 한낮의 공상에서, 자작시 속에서, 엘로디는 오직 떠나는 것에만 관심이 있었다. 어딘지 모를 곳으로 멀리 떠나는 것, 모든 것을 버리고! 더 이상 회색과 흰색뿐인 벽들을 쳐다보지 않아도 되고, 더 이상 아무것도 생각하지 않아도 되니까. 나는 그 말을 듣고 위험을 감지했고, 아이에게서 관심을 떼지 않으려고 애썼다. 어느 날 엘로디가 가출했다는 소식을 듣게 될까? 경미한

혹은 심각한 자살 시도를 했다는 얘길 듣게 될지도? 아니면 마약에 손을 댈지도 모른다. 너무나 걱정스러웠다. 엘로디의 아버지는 별로 걱정하지 않았다. 그 자신도 그 나이 때 그런 혼란을 경험했고, 그 시기가 지나면서 극복했다고 말했다. 그는 딸아이를 위해 캐나다 끝에 있는 먼 친척 집으로의 여행을 제안했다. 아이가 모르는 친척이었다. 따라서 엘로디가 꿈꿔 왔던 알지 못하는 먼 곳으로의 여행이라는 꿈을 충족시킬 수 있게 되었다. 아이 어머니는 그에 대해 매우 심각할 정도의 불안감을 보였다. "아이 엄마가 아이가 멀리 가는 것을 반대할수록 아이는 더 엇나갈 겁니다"라고 그 아버지는 말했다. 그건 사실이다. 결국 엘로디는 떠날 것이다. 어머니는 힘겨운 몇 개월을 보낼 것인데, 왜냐하면 그때까지 자신의 딸과 너무나도 각별한 모녀 관계를 결성하고 있었기에, 아이를 떠나 보내는 일이 쉽지 않았기 때문이다. 아직 여덟 살밖에 안 된 엘로디의 남동생과도 어머니는 마찬가지의 밀접한 감정적 결합 관계를 갖고 있었다. 그렇다면 해결책은? 그녀가 또다시 아이를 갖는 것이다. 그러면 조금씩 엘로디와 그 남동생에 대해 어머니는 '끈을 놓을 수' 있게 될 것이다. 그리고 그녀는 계속해서 아이를 품에 안고 어를 수 있다. 언제까지? 아마도 아이를 하나 둘 거치면서 그녀는 분리와 헤어짐의 미덕에 대해 차차 배워갈 것이다. 엘로디가 돌아오면, 그녀는 보호 속의 자율을 만끽하고 왔을 것이다. 엘로디는 더 이상 어머니의 그늘로부터 도망가는 꿈을 꾸지 않을 것이다. 더 이상 자신에게서 공격성을 발견하지 않고 평화로워질 것이다.

하지만 언제나 바람직한 결과만 있는 것은 아니다. 완전히 되돌릴 수 없는 떠남도 있다. 특히 청소년기의 아이들과 청년기의 성인들에게 있어서. 나는 한 어머니를 자주 떠올리게 되는데, 그녀는 몇 년째 아무 소식 없이 집을 떠나 버린 아들 때문에 엄청난 괴로움을 겪고 있다며 내게 토로하였다. "저는 아이 모습을 떠올리려 애를 써요. 그런데 자꾸만 얼굴이 지워지고 사라져 버려요. 열여덟 살 때 집을 나가던 그때의 얼굴을 기억하고 싶은데, 기억이 안나요. 아기 때 모습만 기억에 생생하게 남아 있어요. 어린아이였을 때도 기억나지만 곧 사라져요. 그러다 갑자기 집 나가던 날 모습이 떠오르는데, 창백하고 화가 난 얼굴을 하고 있죠. 끔찍해요……. 더 끔찍한 건, 언젠가 길에서 그 앨 만나도 혹시 서로 알아보지 못하는 건 아닌지 하는 거예요. 내가 그 아일 못 알아보면 어쩌죠?"

산드라는 돌이킬 수 없는 방식으로 부모에게 상처를 남긴 소녀이다. 그녀의 '떠나기'는 죽음을 목표로 하고 있었다. 정말로 죽는 것 말이다. 반면 살고 싶다는 욕망으로 죽음과의 유희를 벌인 한 소년이 있었다. 그 아이는 침대 옆에 이렇게 쓴 메모를 두었다고 한다. "나를 발견했을 때 만약 내가 아직 죽지 않고 있다면, 나를 X 병원의 X 박사님 앞으로 보내 주세요. 거기에 아주 친절한 간호사 누나가 있답니다." 하지만 산드라는 그게 아니었다. 혹시 살아남을까 하는 여지는 생각지 않았다. 오로지 죽고만 싶어 했다. 얼마나 내면적인 고통이 지독했으면, 결코 돌아오지 못하는 이별을 초래하는 죽음의 힘이 삶의 본능을 억눌렀을까! 다행히 신속하고 효과적인 의료적 처치를 받은 산드라는 살아났지만, 그녀에게 남은 상처는 매우 오랫동안 사라지지 않을 것이다. 그녀의 경우, 오랜 기간에 걸쳐 일단 죽음에 대한 불안을 해소한 이후에, 삶에 대한 애착을 되찾을 수 있을 것이다. 내면의 상처와 죽음의 경험에 대해서 그녀는 다시는 입에

올리지 않고 있다. 그녀의 부모 또한 엄청난 마음의 상처를 받았다. "우리 아이가 죽기를 원했어요. 우리는 아이가 바라는 방식대로 아이를 사랑해 주지 못했고, 그 방법을 몰랐어요. 우리는 죽음과 파멸이 유혹하는 모든 것들을 이겨낼 수 있는 삶의 힘을 아이에게 심어주지 못했고, 그렇게 하는 방법을 몰랐어요. 우리는 아이와 헤어지면서, 아이가 성장함에 따라 헤어짐의 방법을 배우도록 도와주지 않았고, 당연히 할 줄 알아야 하는 일들을 하게 해주지 않았어요. 어떻게 해야 할지를 몰랐어요. 아이는 우리의 사랑이 얼마나 큰지를 알지 못했고, 자신이 가진 단점이나 부족함에도 불구하고 우리가 얼마나 자신을 아끼고 사랑하는지를 느끼지 못했어요."

다른 삶을 찾아 떠난, 혹은 죽음으로 상처를 남기고 떠난 아이들의 부모는 그 지울 수 없는 상처를 안고 어떻게 살아가야 할까? 지우고 또 지워도 새로 돋아나는 상처와 함께 그들은 살기 위해 어떤 길을 찾아야 할까? 자신의 아이가 원한 죽음과 같은 근본적인 이별이 부모에게 주는 고통은 마치 마르지 않는 샘물의 분수처럼 끊임없이 솟구치고, 또다시 솟아오른다.

아버지가 돌아가신 거,
나도 알고 있어요…

　지금까지 접근은 하였지만 정작 다루지 못한 죽음으로 인한 슬픔과 죽음에 대한 주제를 이 마지막 장에서 다루려 한다. 여기에서 말하는 죽음은 인생의 전개에 따라 어쩔 수 없이 따라오는 부분적이고 간접적인 죽음이나, 꼭 필요한 포기나 떠남을 은유하기 위한 죽음의 개념을 말하는 것이 아니라, 우리가 사랑했던 사람의 실제 죽음을 의미하며, 돌이킬 수 없는 이별 이후에 우리 안에서 일어나는 애도의 과정까지 포함한 의미이다.

　우리 삶에서 죽음의 문제를 제대로 잘 다룬다는 것이 가능한 일일까? 언제고, 사랑하는 누군가가 죽는 날이 온다면, 그것을 어떻게 받아들여야 할까? 몇 살이 되면 아는 사람이든, 모르는 사람이든 간에 누군가의 죽음에 대해 초연하게 들을 수 있을까?

　프로이트는 여섯 살 된 한 남자아이가 진지하게 내뱉은 말을 인용하고 있다. "할아버지가 돌아가신 건 알아요……. 그런데 왜 할아버지는 오늘 저녁에 우리와 같이 수프를 드시러 오지 않으시는 거죠?" 우리 모두는, 식견이 높든지 아니든지 상관없이, 이 꼬마와 같은 생각을 무심코 하게 될 때가 있다. "아버지가 돌아가신 건 알고 있어요. 하지만 난 중요한 결정을 해야 할 때면 꼭 아버지께 물어볼 생각부터 하죠. 그러면 아버지께서 대답해 주실 것만 같은 느낌이 들어요."

나는 한 작은 여자아이를 생각한다. 그 아이의 어머니는 불의의 사고로 죽었고, 지금은 아버지의 책상 위에 올려진 액자와 아이 방에 걸려 있는 사진으로만 어머니를 만날 수 있다. 누군가 그 집을 방문할 때면, 아이는 어머니의 사진이 있는 곳으로 사람들을 이끈다. 그러곤 "엄마!" 하고 소리내어 부르곤 한다. 마치 손님이 왔음을 알리려는 듯이. 언제 쯤이면, 어떻게 하면 아이가 어머니의 죽음을 실제로 인식할 수 있을까? 사진 속의 어머니와 실제 살아 존재하는 어머니가 다르다는 것을 어떻게 인식시켜야 할까? 아버지가 아이에게 해준 설명이 죽음을 실질적으로 파악하는 것에 도움이 되지 못한 걸까? 아이는 말한다. "사람들이 땅에 커다란 구멍을 팠고, 우리 엄마는 그 구멍 속에 누워 있어요. 그리고 그 위로 흙을 덮었지요." 아이는 그 영상을 사진 속의 엄마와 어떻게 연결시키고 있는 걸까? "우리 엄마는 나한테 작은 새 노래를 불러줬어요. 이젠 더 이상 못해 주지만 말이에요." 아이가 이렇게 말한다는 건, 죽음에 대한 실질적인 인식으로 볼 수 있다. 하지만 아이가 커다란 슬픔을 감지하는 단계까지 가려면 아직도 많은 시간이 필요할 것이다. 상실감은 확실하게 느끼고 있는데, 아버지가 아무리 노력해도 어머니의 빈 자리는 완벽하게 채워지지 않았다. 아이는 죽음이라는 엄청난 사건으로 인해 너무 일찍 어머니를 여의게 되었다. 다정한 쓰다듬음과 품에 안고 흔들어 잠재워 주기 같은 어머니의 고유한 행위들은 어느 누구도 대신

할 수 없는 것이고, 남아 있는 예전의 추억만으로 오늘을 견디기엔 너무나 힘겹기만 하다. 그렇기 때문에 아이는 슬픔보다는 상실감을 훨씬 오랫동안 느낄 수밖에 없으며, 어쩌면 어른이 된 후에 심리 치료를 받아야 할지도 모른다. 다른 사람들과의 모든 애정 관계에서 실패한 나머지 알 수 없는 반복적인 결핍과 목마름을 호소하게 될 수도 있고, 목적 없이 아무 곳이나 헤매고 다니면서 무언가를 갈구하는 행동이 나타날 수도 있다.

네 살 때 어머니의 죽음을 경험한 테오도 비슷한 경우였다. 생후 2년 동안 어머니는 테오를 잘 보살펴 주었었다. 그후 2년 동안 어머니는 병석에 눕게 되었고, 테오는 오직 자리에 누운 어머니만을 대할 수 있을 뿐이었다. 아이는 매일 누워 있는 어머니의 자리 옆에 와서 한동안 말없이 몸을 웅크리고 있다가 나가 놀곤 하였다. 지금은 어머니의 죽음 후 2년이 흘렀는데, 아직까지 치우지 않은 채 있는 어머니의 방에 가끔씩 들어가 혼자 있다 나오는 테오를 발견하게 되었다. 아이는 방에 들어가 아무 말 없이 베개에 머리를 기대고 있다가 나오곤 한다고 했다. 아이는 어머니에 대해서 전혀 말을 꺼내지 않았고, 할아버지나 할머니가 어머니에 대해 말을 하는 것도 싫어했다. 아버지가 어머니 얘기를 하는 것도 견디기 어려워했는데, 테오는 그것 말고는 놀 때도 조용하고, 학교생활에서도 적응을 잘하는 아이였다. 그를 돌봐 주는 보모와는 잘 지내는 편이었지만, 거리감을 두고 있는 것 같았다. 문제는 테오가 밤마다 잠자리에서 쉬를 하고, 엄지손가락을 빨며, 짐승새끼가 울부짖는 것처럼 신음 소리를 내는 것이었다. 심지어 낮 동안에도 용변을 가리지 못하고 옷을 버리는 일이 잦았다. 그런 행동을 할 때 테오는 아직도 완전한 엄마의 아기였고, 점점 무기력해지고, 병약하며, 같이 놀아 주지 못하는 엄마의 얼굴에 겁을 먹고, 힘들어하는 꼬마 아이의 모습을 하고 있었다. 이미 2년 전부터 테오는 더 이상 그를 안아 주지 못하고, 다정하게 말하지 못하며, 옆에 있어 주지 못하는 죽은 엄마의 아들이었다. 아이가 다른 사람이 엄마에 대해 말하지 못하게 하는 것은, 아이에게 다른 사람의 말은 전혀 필요하지 않기 때문이다. 아이는 혼자만의 기억을 갖고 있고, 어머니에 대한 자신만의 추억을 갖고 있으며, 슬픔조차도 하나의 기억으로 간직하고 있었기 때문이다. 테오는 상실감을 느끼고, 무엇이 자신에게 부재하는지를 정확히 느끼고 있었다. 쉬와 응가를 가리지 못하는 것은 옛날의 상태를 그리워하는 것이고, 그런 행동을 할 때엔 그 옛날의 상태로 돌아갈 수 있기 때문이다. 잠든 상태에서 내는 신음과 울부짖음은 불가능한 것을 바라는 비통함에서 나오는 것이고, 추억의 방에서 베개에 얼굴을 묻고 시간을 보내는 것도 그때를 되살리고자 애쓰는 행동이다. 또한 아이가 옛날 생각에 빠져 있을 때 자신의 손바닥을 볼에 대고 있곤 했는데, 그 행동은 애무를 받고 싶은 마음에 스스로 그런 행동을 함으로써 위안을 받고자 하는 것이다. 테오는 혼자서 죽음을 이해하고, 맞서려고 애썼지만, 어떤 것도 공허함을 채워 주지 못했고, 아이 또한 아무에게도 도움을 요청하지 않았다. 테오는 자기 자신이 알고 있는 것만을 기억할 수 있을 것이다. 아이가 애정 어린 손길을 거부하지 않고 받아들이는 날이 온다면, 그것은 엄마 대신이 아니라, 새로운 애정 관계의 형성일 것이다. 아이는 어머니가 아닌 다른 누군가로부터 사랑받는 것을 받아들이고, 사랑을 베푸는 사람에게 자신의 애정을 줄 것이다. 그것은 새로운 사랑이지, 어머니에 대한 사랑의 대용물이 아니다. 아이는 자신이 소중한 엄마를 가졌고, 이제 더 이상 그녀를 만지고, 보고, 안지 못한다는 것을 알고 있다. 결코 그러지 못한다는 것을 안다. 하지만 그에게 친숙한 다른 사람들, 그를 사랑해 주고, 그가 사랑할 수 있는 다른 사람들이 있다. 그것은 아무것도 없애지 않는다. 어떤 이의 사랑도 어머니의 사랑을 없애거나 파괴하지는 않을 것이다. 왜냐하면 그의 어머니는 이 세상 사람이 아니므로. 이미 죽은 엄마를 다시 죽이지는 않으므로.

반면 크리스토프의 경우는 모든 것이 더 힘들었다. 아빠가 여전히 그를 사랑하고, 밤마다 그를 보러 온다고 말하면서, 아빠가 죽었다는 걸 어떻게 믿으란 말인가? 아빠는 죽었는데, 크리스토프는 그걸 아는데, 아빠가 침대 위에서 말쑥한 정장을 입은 채 누워 있고, 모든 이가 우는 것을 보았는데, 어떻게 여전히 그를 사랑하고, 밤마다 그를 보러 올 수 있단 말인가? 아빠는 울지 않고 있었다. 크리스토프가 "아빠! 아빠!" 하면서 애써 아빠를 불렀지만, 그는 대답이 없었고, 사람들은 크리스토프를 다른 곳으로 데려갔다. 사람들이 장례식에 가보고 싶으냐고 물었을 때, 크리스토프는 고모 댁에 가 있는 게 낫겠다고 대답했다. 하지만 아이는 알고 있었다. 사람들이 아버지를 땅에 묻었다는 것과, 무덤이 어디에 있는지도… 작은 묘비 아래 묻혀 있어도 밤에 아들을 보러 올 수 있는 걸까? 정말로? 어쩌면 아빠가 진짜로 죽은 게 아닌지도 모른다. 완전히 죽은 게 아닌지도… 하지만 그렇다면 더 복잡해진다. 크리스토프는 여덟 살이 되어도, 열두 살이 되어도 여전히 그런 의문에 휩싸일 것이고, 언제나처럼 답을 찾는 것을 포기할 것이다. 그 이유 때문인지 아이는 점점 더 교리문답 시간에 흥미를 가졌고, 나중에는 의사가 되고 싶다고 말하기에 이르렀다. "나는 사람들이 너무 젊은 나이에 죽지 않게 하기 위해 내가 할 수 있는 일을 할 거예요." 얼마 더 시간이 흐르면 아이는 이렇게 말할 것이다. "죽은 사람들에게 어떤 일이 일어나는지 알고 싶어요. 죽음에 대해 알고 싶어요." 그렇게 말하면서 크리스토프는 장래에 의사가 되고 싶다는 결심과 아버지의 죽음, 정신분석 상담을 받겠다는 생각을 하게 만든 그의 심리적 혼란들의 상관 관계를 다시금 생각해 보게 되었다.

"내 어머니가 돌아가셨을 때, 나는 고작 일곱 살이었어요." 제롬은 정신분석 상담중 이렇게 말문을 열었다. "나는 울지 않았어요. 울고 싶은 마음도 없었어요. 마당에서 하던 놀이를 계속했죠. 내가 그랬다는 것에 대해 어른들은 두고두고 수치스럽게 생각했어요. 하지만 난 정말로 창피하지 않았어요. 나도 슬픔 같은 것을 느끼고 있다는 것은 알았어요. 입 안에 더러운 무언가를 씹은 듯한 느낌이었죠. 하지만 죽음이란 것이 완전한 끝임을 알게 되기까지는 너무나 많은 세월이 필요했어요. 나는 내 자신에게 반복해서 말했어요. '이젠 더 이상 엄말 볼 수 없어. 엄만 내게 잘 자라고 말해 주러 다시는 올 수 없을 거야.' 나는 그때에도 죽음을 느끼지 못했어요. 이해하지 못하고 있었던 거죠. 그리고 또 이런 말도 했어요. '이제 더 이상 엄마가 쓰러질까 봐 걱정하지 않아도 돼. 엄마는 이젠 더 이상 토하지도 않을 거야. 한밤중에 의사를 부르는 일도 없을 거야.' 그건 정말로 이해가 되고, 실감이 되었어요. 그런 점들은 내게 위안이 되었어요." 몇 년 뒤, 자신이 기르던 커다란 개가 죽었을 때에 대한 이야기도 했다. "그 개는 따뜻하고, 부드럽고, 쓰다듬을 때 느낌이 정말 좋았어요. 나는 북실북실한 털 속에 내 몸을 묻곤 했죠. 개는 나를 혀로 핥아 주는 것을 좋아했어요." 그것을 기억하며 그는 울음을 터뜨렸다. "그 개가 죽었을 때, 나는 모든 것을 잃었다는 것을 알았어요. 그 날이 내가 어머니를 떠나 보낸 날이기도 해요." 지금 마흔 살의 제롬은 일곱 살의, 열두 살의 자신으로 돌아가, 여태까지 한 번도 흘린 적이 없었던 눈물을 일시에 쏟아내었다.

그렇다면 나는 지금까지 사랑하는 사람들이 죽는 것을 보면서 무엇을 느꼈나? 무엇을 알게 되었나? 죽음은 우리의 생생한 관계에 깊은 칼자국을 내며 사람들을 빼앗아 간다. 그것이 노쇠에 의한 자연스런 죽음이든, 병에 의한 것이든, 혹은 너무 일찍 찾아온 예상치 못한 사고에 의한 것이든 상관없이.

에이즈에 걸렸음에도 불구하고, 각종 증상이 점점 드러나고, 악화되는 것을 보면서도 늘 미소를 잃지 않고 있던 그 용기 있는 소녀에게서 나는 무엇을 배웠는가? 그 소녀가, 이번에는 자신이 병을 이기지 못하고 그녀를 사랑하는 사람들을 떠나 삶을 마감할 것임을 느끼고, 그녀가 '하얀 빛'이라 부르는 쪽으로 말없이 들어갔을 때 나는 무엇을 느꼈는가? 그 '하얀 빛'의 세상은 끝까지 희망을 잃지 않고 싸우다가, 마지막에 죽음을 겸허하게 받아들이는 사람들에게만 문이 열리는 곳이라고 했다. 죽은 자와 산 자가 한 몸이 되어 소녀의 병상 둘레를 하나의 고리처럼 둘러싼 채, 우정과 연대감으로 끈끈함을 보여준 그녀의 친구와 친지들에게서 나는 무엇을 배웠는가? 에이즈로 죽은 이들의 이름을 거대한 패치 워크로 만들어 놓은 것 속에 그녀의 이름이 들어 있는 것을 보면서, 죽음으로 인해 그들의 가족과 친구와 사랑하는 사람들과 헤어진 모든 이들의 회합이 땅 위에서 하나의 상징 기호로 펼쳐져 있는 것을 보면서 나는 무엇을 알게 되었는가?

아직 젊은 그 남자가 걸어가다가 갑자기 벼락을 맞아 재로 변해 버렸을 때, 잘 웃고, 기타를 잘 치고, 우리 모두가 좋아했던 그가 이제 만질 수 없고, 닿을 수 없는 곳으로 떠나, 돌아올 수 없는 영원한 이별의 길을 떠나는 것을 보았을 때 나는 무엇을 알게 되었는가?

또한 내 아버지가 혼수상태에서 깨어나 어머니의 이름을 부르고, 그런 뒤 곧 숨을 거두었을 때, 그의 더없이 푸른 눈동자를 보고 나는 무엇을 알게 되었나?

아버지는 당신이 우리를 떠날 것임을 알고 계셨다. 우리들 각자에게 애정 어린 덕담을 해주셨고, 곧 끊고 가야 할 우리와의 관계를 되새김질하는 듯 보였다. 혼수상태중, 우리는 아버지가 이미 우리에게서 멀리 떨어진 곳을 여행하고 있음을 느끼고 있었는데, 가기 전 마지막 순간에 아버지는 좋은 시간과 나쁜 시간을 모두 함께했던 당신 인생의 파트너였던 어머니의 이름을 부르기 위해 잠깐 동안 다시 우리에게로 돌아왔던 것이다.

형제와도 같았던 나의 한 친구가 몇 년 전 어려운 수술을 받기 전날 밤, 그를 떠나와야 했던 나에게 몸을 돌려, 손을 조금 올린 채 "하나님이 너를 보살펴 주시길… 죽음, 그거 별거 아니잖아?"라고 말했었다. 이젠 저 세상으로 가 내 곁에 없는 그 친구에게서 나는 무엇을 배웠는가?

고통, 슬픔, 사랑하는 사람과의 이별로 마지막 세월들을 힘겹게 보낸 내 언니에게서, 이젠 영원히 잠들어 깨어나지 못하는 내 언니에게서 나는 또 무엇을 배웠는가? 이제 모든 것은 끝났고, 언니는 이제 저 세상에서 새로운 관계들을 맺고 있겠지. 이곳의 우리에겐 텅 빈 가슴과 이제 더 이상 아무도 살지 않는 빈 집을 남겨둔 채. 아직도 언니가 남기고 간 옷가지들에선 자주 뿌리던 향수 냄새가 남아 있는데, 이젠 그것들도 무용의 공허함 속으로 빠져 버리겠지……. 그 옛날에 새로 시작하는 작품이었던 것이 이젠 깨져 버린 약속[29]처럼 덩그러니 남아 있기만 하다.

헤어질 줄 알기 위해 어쩔 수 없는 이별을 받아들이고, 견뎌낼 줄 알기 위해 우리가 필요로 하는 것이 인간 관계에서의 안전성이라면, 이 모든 것들로부터 내가 알게 된 것은 과연 무엇일까?

그에 대해서 나는 죽음을 맞이한 내 어머니의 마지막 나날들을 옆에서 지켜보면서 보다 많이 알게 되었다. 어머니는 "네가 보고 싶을 거다"라는 말씀을 자주 하셨고, 눈을 뜬 채 생을 마감하셨다. "이젠 내 손녀들을 못보겠지"란 말씀도 하셨는데, 그 생각으로 큰 슬픔을 느끼는 것 같았다. 또한 당신의 역할을 끝까지 다하고자 하는 모습이 역력하셨다. 내 어머니는 내 손주들에게 옛날 자신이 살았던 시대를 가르쳐 주는 산 증인의 역할을 하는 증조모셨다. 아마 돌아가신 후에도 삶과 죽음, 철학, 사후 세계에 관한 질문들에 대답하고자 아이들을 찾아오실지 모른다. 어머니는 당신께서 알고 계신 것들을 전수해야 할 의무감을 갖고 계셨다. 고통과 불안 속에서도 어머니는 어머니의 어머니를 생각하셨고, 다음 세계로 넘어갈 마지막 한 걸음을 내딛기 위해 당신의 어머니를 필요로 하셨다. 어머니는 내가 죽음의 순간에 당신의 어머니가 되어 주길 바라시면서, 한편으론 내게

---

29) S. Prou, 《마지막 종잇장들 *Dernières feuilles*》, Paris, Grasset, 1998.

당신께서 항상 그러셨듯이 주의 깊고 너그러운 어머니로 남으라고 당부하셨다. 그러면서 어머니와 나 사이의 관계는 더욱 돈독해졌다. 비록 우리는 그 관계가 곧 영원한 이별로 인해 끊어질 것임을 알고 있었지만…….

어머니, 당신은 사랑하는 사람들에게 둘러싸인 채, 아직 저 세상으로 떠나지 않았지만, 더 이상 말을 할 수 없는 상태인 그 순간에 무슨 생각을 하셨나요? 고통스런 단말마의 순간이 지나갔을 때, 나는 내게 생명을 주신 그분과 내가 영원히 이별하였음을 알았다. 내가 지금 막 죽음의 문을 열었음을 느꼈다. 그 시련을 통해 이상하게도 나는 내 아이들이 태어났을 때 나를 엄습해 오던 강렬한 느낌을 다시금 느낄 수 있었다.

그처럼 죽음의 이별은 나에게 아이의 탄생과 유사한 것으로 투영되었다. 그 이후에 내겐 모든 것이 거꾸로 보였다. 출생으로 제기된 비극은 더 이상 엄마와 아기가 합쳐진 삶의 끝남을 알리는 이별이 아니다. 이별이 비록 잔인하게 느껴질지라도, 죽음은 모든 이별의 행위에 의미를 부여하는 삶의 분출이다. 마지막 순간, 타인의 죽음은 우리에게 그들과 연결되어 있던 관계의 심오함을 일깨워 주지 않는가? 타인의 죽음을 가까이서 경험하는 것, 그럼으로써 너무나 큰 상실감을 느끼는 것, 그것은 우리에게 우리 각자의 삶의 풍요로움을 교훈처럼 일깨워 준다. 그것이 너무나 소중하고 낭비할 수 없는 것임을 알려 준다. 우리가 사랑하는 사람들과 함께 인생을 만끽하고 음미해야 함을 가르쳐 준다.

아마도 열네 살의 마리옹이 알게 된 것도 이런 점이 아닐까 싶다. "내 아버지는 돌아가셨어요. 그것을 이해할 만한 틈도 없었어요. 난 겨우 여덟 살이었죠. 그 다음엔 아버지를 잊어버리려고 애썼어요. 하지만 이젠 아버지 생각을 가끔씩 한답니다." 그녀는 아버지와 함께했던 행복했던 어린 시절을 생각나게 하는 시들을 내게 보여주었다. "나는 아무런 인식 없이 그 시간들을 흘려보낸 것을 매우 유감스럽게 생각해요. 지금은 모든 것이 끝났어요. 다시 시작할 순 없죠. 아버지는 그 옛날에 이미 돌아가셨으니까요." 조금 시간이 지난 뒤 그녀는 말할 것이다. "지금 옛날을 돌이켜 생각해 보면 너무나 생생하게 느껴져요. 그 시절이 있었다는 걸 기억할 수 있어요." 나는 그녀에게 말해 주었다. "그 옛날은 있었고, 그건 언제까지나 너와 함께할 기억들이지." 몇 주일이 지난 후 마리옹은 자신의 생각이 정리되었음을 내게 말했다. 즉 쓸데 없는 일을 하면서 낭비할 시간이 없다는 것이다. 자기 삶의 매일매일에 "진실된 좋은 것들을 많이" 담기 위해 노력해야 한다고 했다. 마리옹은 말한다. "이제 끝났어요. 난 더 이상 혼자가 아니에요. 친구들이 내 곁에 있어요. 진정한 친구들이요. 내가 고르고 또 골라 선택한 친구들이죠." 그리고 다시 한번 강조했다. "자신의 시간을 낭비하면 안 돼요. 진실된 것을 찾아야 해요."

에필로그

옛날에 뭐든지 싫증을 잘 내고 주변 사람들에게 불평을 늘어놓길 잘하는 소년이 있었다. 여덟 살인데 밤마다 잠자리에서 쉬를 했고, 항상 늦었으며, 물건을 잘 잃어버리고, 투덜거리기 일쑤이며, 학교 수업은 하나도 이해하지 못하는 것처럼 보였다.

그래서 그 아이는 쉽게 싫증내는 버릇을 고치기 위해 심리 치료를 받게 되었고, 결국 나를 만나게 되었다.

가엘은 어머니와 함께 나를 찾아오는 데, 집에서부터 지하철을 타고 이곳까지 45분 정도가 걸린다고 했다. 집으로 돌아가는 데에도 비슷한 시간이 걸릴 것이다. 그런데도 아이는 나와의 상담 동안 매우 집중하는 모습을 보여주었다. 자신이 기억하고 있는 복잡한 꿈 이야기를 내게 해주었고, 걱정거리를 그림으로 그려서 보여줌으로써 털어 놓았으며, 색칠을 하고, 이야기를 만들어 내면서 여러 가지 백일몽들을 말해 주었다. 아이의 나쁜 행동들은 서서히 사라졌다. 그 어머니의 요청에 의해 상담 시간을 뜸하게 잡았다. 그러던 어느 날 가엘은 이제 더 이상 나를 보러 오지 않아도 될 것 같다는 자신의 생각을 전달했다. 우리는 한 번 더 상담 시간을 멀리 잡았고, 아이가 다음과 같이 말할 수 있기를 기다려 보기로 했다. "전 괜찮아요. 이제 그만 했으면 해요. 더 이상 여기에 오지 않을래요." 나는 다음과 같이 말하면서 동의하였다. "마지막으로 2주 후에 한 번 더 만나서, 이것이 올바른 결정인지 아닌지 생각해 보자."

2주 후에 다시 온 모자는 당황해하고 있었다. 학교 성적은 떨어졌고, 용변 못 가리는 행동이 다시 매일매일 나타났다. 처음에 나를 찾아오게 만든 모든 증상들이 다시 나타났다는 것은 우리의 결정이 너무 성급하지 않았나 하는 생각 이외에 더 무슨 말을 할 수 있겠는가. 그 전 1년 동안 그렇게 잘해 오던 아이가!

상담실에서 가엘은 아주 큰 도화지와 다른 작은 종이들, 펠트천, 가위, 풀 등을 기계적으로 찾아들고는 내게로 왔다. 모든 준비가 끝나자 아이는 내게 선언했다. "숲을 만들 생각이에요." 그러고는 큰 도화지의 한쪽 구석에 작은 나무를 하나 완벽하게 만들어서 붙였다. "이게 내 숲의 시작이에요. 다음 번에 와서 계속할게요."

그후로 1년 동안 2-3주에 한 번씩 올 때마다 아이는 정성을 쏟아서 한두 그루의 나무를 계속 만들어 붙였다. 매번 어머니가 따라오지는 않았다. "저도 컸으니까 혼자 할 수 있어요." 나는 숲이 완전히 다 만들어졌다고 아이가 말할 때까지 끈기를 갖고 기다렸다. 이제 아이는 자신이 좋아하는 것, 두려워하는 것을 말하던 나에게로부터 이별하고, 혼자 길을 갈 수 있을 것이다. 나는 아이의 눈물과, 수치심과, 애정을 모두 받아 주는 그릇이었다. 아이는 나를 그렇게 빨리 떠나갈 수가 없었던 모양이다. 우리 두 사람은 아이의 삶이 더 힘들어지지 않도록 하기 위해 한 시기를 소진하였다. "우리가 서로 헤어지는 데에 거의 1년이라는 시간이 걸렸다. 네가 떠날 수 있다는 것을 확신하기까지 이 숲을 다 완성하기까지의 시간이 걸렸어. 이제 너는 떠날 수 있을 거야……."

― "이제 전 다 컸고, 추억거리가 남았어요."

나는 우리가 지금은 헤어지지만, 언젠가 그 아이가 원한다면 다시 볼 수도 있을 거라고 말했다. 기약 없는 이별을 두려워하여 종결짓는 것을 차마 하지 못하는 성인들에게 나는 똑같이 말해 주곤 한다. 그렇게 말해 주는 것이 종종 그들이 떠나는 것에 도움을 준다.

이후로 나는 가엘을 다시 보지 못했다.

반대로, 나는 옛날의 어린이가 어른이 되어 나를 다시 찾는 경우를 경험하기도 한다. 그들은 사랑하는 어머니의 죽음이나 혹은 다른 정신적 충격에 의해 나를 다시 찾아오는데, 마치 자기 자신이 여전히 건재한지를 확인하러, 그리고 내가 여전히 잘 있는지를 확인하러 오는 것 같다. 그렇게 다시 찾아오는 성인들은 오래 보게 되지는 않는다. 돌아올 수 없는 헤어짐을 확인시키는 다른 이별들에서 느낀 불안과 아픔들을 추스르면서 아마도 그들은 내가 혹시 죽지는 않았는지 염려하는 마음에서 나를 찾아왔던 것 같다.

그런 마음은 언제나 내겐 감동으로 다가온다. '이야기 속 사람처럼 적어도 3세기 동안' 나는 여기에 계속 있을 거라고 말해 주고 싶다. 또한 우리 사이에 있었던 이야기들은 그들의 삶 속에서 다른 어려움들을 해결해 가는 도중에도 영원히 우리 안에 남아 있을 거라고 생각한다. 그리고 그 이야기들은 영원히 그들 자신의 것이며, 어떤 일이 일어나도 언제나 그들 곁에서, 내가 없더라도 기억할 수 있는 순간으로 남을 것이다. 유머는 언제나 우리에게 유익한 것이고, 말로 옮길 수 없는 것을 말하게 해주는 이야기가 갖는 상상력 또한 우리의 든든한 지원군이다.

치료 과정의 시작부터 내가 미리 염두에 두고 있는 이별이라는 일상적인 연습 과정은 평온함 속에 진행되어야 했고, 그런 기회를 제공해 주는 내 환자들에게 감사의 마음을 전하고 싶다.

우리는 함께 삶의 신비를 알아가고, 만들어 간다. 삶이란 매순간이 발견이다. 태어나고, 살아가는 것, 그것은 곧 헤어지기이다. 우리는 이별함으로써 자기 자신이 된다. 하지만 이별이란 무언가에 연결되어 있을 때만 경험할 수 있다. 이별이 갖는 풍요로움은 우리가 맺는 관계의 질에 달려 있다. 삶을 종결짓는 죽음의 이미지는 우리에게 관계의 의미를 부여한다. 비록 그 관계를 빼앗아 가는 것 또한 죽음이긴 하지만. 죽음의 이미지는 동시에 우리에게 앞으로 닥쳐올 모든 이별들을 미리 보여주려는 듯 삶을 향한 문을 우리 앞에 활짝 열어 둔다.

역자 후기

내겐 아직도 진행중인 이별이 하나 있다. 그건 대학교 시절 내게 프랑스어를 가르쳐 주셨던 은사님과의 이별이다. 그분과의 인연은 대학교 2학년 때 시작되었었고, 그해 여름, 그분이 도움을 주시던 원어 연극팀에 내가 참가함으로써 더욱 깊어졌었다.

지금 그분은 이 세상에 없다. 이미 5년 전에 병으로 세상을 떠나셨다. 그런데 나는 서울에서 멀리 떨어져 살고 있고 학교의 소식과 멀어져 있던 탓에, 장례식에도 참석하지 못했다. 아니, 언제 돌아가셨는지도 정확히 알지 못했다. 후에 지인으로부터 비고를 전해 들었을 뿐이다. 이후로도 내내 장례식에 못 가본 것이 죄송하고 마음이 아팠다.

하지만 내 마음속에선 아직도 선생님께서 살아계신 것만 같다. 가끔씩 초췌한 모습으로 꿈에 나타나실 땐 더욱 그런 생각이 든다. 요즘도 가끔 꿈속에서 선생님은, 내게 소소한 무언가를 부탁하곤 하시는데 그럴 때마다 매우 피로한 얼굴을 하고 계신다. 그런 꿈을 꿀 때면 내 몸이 매우 피곤한 상태일 때가 많다. 꿈에 선생님을 보면 다음 날 입술이 부르튼다던가 하는 그런 식이다. 처음엔 이런 현상에 나 자신이 꽤 의아스러웠다. '내가 평소에 선생님 생각을 자주 하면서 살았던 것도 아닌데……' 라는 생각에 말이다. 지금은 조금씩 이해하게 되었다. 내가 그분과의 이별을 진정으로 받아들이지 못하고 있었다는 것을. 또한 마지막 가시는 길을 뵙지 못한 못난 제자로서의 죄책감이 컸다는 것을.

살면서 우리는 대략 몇 번의 이별을 겪게 될까? 태어나면서부터 어머니와 이별해야 하는 우리는, 그 이별이 너무나도 크고 충격적인 이별이기에 이후로 겪게 되는 이별은 감내하고 살아갈 수 있는 힘을 절로 얻는 것일까? 만일 이 최초의 이별을 겪고도 튼튼해지지 못한 사람이 있다면, 만약 우리 자신의 자식들이 자기 삶에서의 이별을 감내하고, 적응하지 못한다면, 우린 어떻게 해야 할까?

이 책은 비정상적인 행동이나 말을 함으로써 정신과 상담을 받으러 오게 된 아이들에게서 그들의 그런 증상들이 바로 그들이 겪은 이별에서 기인한 것임을 지적하고 있다. 대부분의 부모들은 아이들이 '그런 사소한 이별' 때문에 그토록 심각한 성장 지연 혹은 학습 부진이 일어날 정도의 증세를 보이는 것에 대해 사뭇 놀라곤 한다. 이 책은 우리가 우리 아이들을 조금 더 잘 이해할 수 있도록 도움을 주는 책이 아닐까 싶다. 또한 어른인 우리에게 '나도 어렸을 때 그랬었지! 그럴 수도 있겠네……'라고 동감할 수 있게 해주고, 아이들을 향한 측은지심을 갖게 해주는 책이기도 하다.

아이들의 순진무구한 감성을 보호해 주고, 그것이 되도록 상처받지 않은 채 오래 간직될 수 있게 지켜 주는 것은 어른들의 몫일 것이다. 아이들이 안전하게, 정상적인 성장 단계를 거치면서 커가는 것을 보는 것, 그 안에는 이별도 있고, 아픔도 있겠지만 이를 극복하고 한 걸음 더 나아가는 모습을 옆에서 지켜보는 것은 부모에겐 큰 기쁨이다. 보다 바람직한 부모가 되기 위해, 그리고 나 자신이 이별 앞에서 더욱 의연해질 수 있도록 이 책이 많은 도움을 주었다고 생각한다.

2008년 5월 공나리

공나리
한국외국어대학교 불어교육과 졸업
한국외국어대학교 대학원 불어과 졸업
동대학원 박사과정 수료
목원대학교 출강
역서: 《호모사피엔스에서 인터랙티브 인간으로》(동문선)
《철학 기초 강의》(동문선)
《부모가 헤어진대요》(동문선)
《오르배 섬 사람들이 만든 지도책 1~6》

문예신서
2014

헤어지기 싫어요!

초판발행 : 2008년 5월 15일

東文選

제10-64호, 78. 12. 16 등록
110-300 서울 종로구 관훈동 74번지
전화 : 737-2795

편집설계 : 李姃롯

ISBN 978-89-8038-631-4 94370

【東文選 現代新書】

1 21세기를 위한 새로운 엘리트	FORESEEN 연구소 / 김경현	7,000원
2 의지, 의무, 자유 — 주제별 논술	L. 밀러 / 이대희	6,000원
3 사유의 패배	A. 핑켈크로트 / 주태환	7,000원
4 문학이론	J. 컬러 / 이은경·임옥희	7,000원
5 불교란 무엇인가	D. 키언 / 고길환	6,000원
6 유대교란 무엇인가	N. 솔로몬 / 최창모	6,000원
7 20세기 프랑스철학	E. 매슈스 / 김종갑	8,000원
8 강의에 대한 강의	P. 부르디외 / 현택수	6,000원
9 텔레비전에 대하여	P. 부르디외 / 현택수	10,000원
10 고고학이란 무엇인가	P. 반 / 박범수	8,000원
11 우리는 무엇을 아는가	T. 나겔 / 오영미	5,000원
12 에쁘롱—니체의 문체들	J. 데리다 / 김다은	7,000원
13 히스테리 사례분석	S. 프로이트 / 태혜숙	7,000원
14 사랑의 지혜	A. 핑켈크로트 / 권유현	6,000원
15 일반미학	R. 카이유와 / 이경자	6,000원
16 본다는 것의 의미	J. 버거 / 박범수	10,000원
17 일본영화사	M. 테시에 / 최은미	7,000원
18 청소년을 위한 철학교실	A. 자카르 / 장혜영	7,000원
19 미술사학 입문	M. 포인턴 / 박범수	8,000원
20 클래식	M. 비어드·J. 헨더슨 / 박범수	6,000원
21 정치란 무엇인가	K. 미노그 / 이정철	6,000원
22 이미지의 폭력	O. 몽젱 / 이은민	8,000원
23 청소년을 위한 경제학교실	J. C. 드루엥 / 조은미	6,000원
24 순진함의 유혹 〔메디시스賞 수상작〕 P. 브뤼크네르 / 김웅권		9,000원
25 청소년을 위한 이야기 경제학	A. 푸르상 / 이은민	8,000원
26 부르디외 사회학 입문	P. 보네위츠 / 문경자	7,000원
27 돈은 하늘에서 떨어지지 않는다	K. 아른트 / 유영미	6,000원
28 상상력의 세계사	R. 보이아 / 김웅권	9,000원
29 지식을 교환하는 새로운 기술	A. 벵토릴라 外 / 김혜경	6,000원
30 니체 읽기	R. 비어즈워스 / 김웅권	6,000원
31 노동, 교환, 기술 — 주제별 논술	B. 데코사 / 신은영	6,000원
32 미국만들기	R. 로티 / 임옥희	10,000원
33 연극의 이해	A. 쿠프리 / 장혜영	8,000원
34 라틴문학의 이해	J. 가야르 / 김교신	8,000원
35 여성적 가치의 선택	FORESEEN연구소 / 문신원	7,000원
36 동양과 서양 사이	L. 이리가라이 / 이은민	7,000원
37 영화와 문학	R. 리처드슨 / 이형식	8,000원
38 분류하기의 유혹 — 생각하기와 조직하기 G. 비뇨 / 임기대		7,000원
39 사실주의 문학의 이해	G. 라루 / 조성애	8,000원
40 윤리학—악에 대한 의식에 관하여 A. 바디우 / 이종영		7,000원
41 흙과 재 〔소설〕	A. 라히미 / 김주경	6,000원

300 아이들에게 설명하는 이혼	P. 루카스 · S. 르로이 / 이은민	8,000원
301 아이들에게 들려주는 인도주의	J. 마무 / 이은민	근간
302 아이들에게 설명하는 죽음	E. 위스망 페랭 / 김미정	8,000원
303 아이들에게 들려주는 선사시대 이야기	J. 클로드 / 김교신	8,000원
304 아이들에게 들려주는 이슬람 이야기	T. 벤 젤룬 / 김교신	8,000원
305 아이들에게 설명하는 테러리즘	M. -C. 그로 / 우강택	8,000원
306 아이들에게 들려주는 철학 이야기	R. -P. 드루아 / 이창실	8,000원

【東文選 文藝新書】

1 저주받은 詩人들	A. 뻬이르 / 최수철 · 김종호	개정근간
2 민속문화론서설	沈雨晟	40,000원
3 인형극의 기술	A. 훼도토프 / 沈雨晟	8,000원
4 전위연극론	J. 로스 에반스 / 沈雨晟	12,000원
5 남사당패연구	沈雨晟	19,000원
6 현대영미희곡선(전4권)	N. 코워드 外 / 李辰洙	절판
7 행위예술	L. 골드버그 / 沈雨晟	절판
8 문예미학	蔡 儀 / 姜慶鎬	절판
9 神의 起源	何 新 / 洪 熹	16,000원
10 중국예술정신	徐復觀 / 權德周 外	24,000원
11 中國古代書史	錢存訓 / 金允子	14,000원
12 이미지 — 시각과 미디어	J. 버거 / 편집부	15,000원
13 연극의 역사	P. 하트놀 / 沈雨晟	절판
14 詩 論	朱光潛 / 鄭相泓	22,000원
15 탄트라	A. 무케르지 / 金龜山	16,000원
16 조선민족무용기본	최승희	15,000원
17 몽고문화사	D. 마이달 / 金龜山	8,000원
18 신화 미술 제사	張光直 / 李 徹	절판
19 아시아 무용의 인류학	宮尾慈良 / 沈雨晟	20,000원
20 아시아 민족음악순례	藤井知昭 / 沈雨晟	5,000원
21 華夏美學	李澤厚 / 權 瑚	20,000원
22 道	張立文 / 權 瑚	18,000원
23 朝鮮의 占卜과 豫言	村山智順 / 金禧慶	28,000원
24 원시미술	L. 아담 / 金仁煥	16,000원
25 朝鮮民俗誌	秋葉隆 / 沈雨晟	12,000원
26 타자로서 자기 자신	P. 리쾨르 / 김웅권	29,000원
27 原始佛敎	中村元 / 鄭泰爀	8,000원
28 朝鮮女俗考	李能和 / 金尙憶	24,000원
29 朝鮮解語花史(조선기생사)	李能和 / 李在崑	25,000원
30 조선창극사	鄭魯湜	17,000원
31 동양회화미학	崔炳植	19,000원
32 性과 결혼의 민족학	和田正平 / 沈雨晟	9,000원
33 農漁俗談辭典	宋在璇	12,000원

34	朝鮮의 鬼神	村山智順 / 金禧慶	12,000원
35	道敎와 中國文化	葛兆光 / 沈揆昊	15,000원
36	禪宗과 中國文化	葛兆光 / 鄭相泓·任炳權	8,000원
37	오페라의 역사	L. 오레이 / 류연희	절판
38	인도종교미술	A. 무케르지 / 崔炳植	14,000원
39	힌두교의 그림언어	안넬리제 外 / 全在星	9,000원
40	중국고대사회	許進雄 / 洪 熹	30,000원
41	중국문화개론	李宗桂 / 李宰碩	23,000원
42	龍鳳文化源流	王大有 / 林東錫	25,000원
43	甲骨學通論	王宇信 / 李宰碩	40,000원
44	朝鮮巫俗考	李能和 / 李在崑	20,000원
45	미술과 페미니즘	N. 부루드 外 / 扈承喜	9,000원
46	아프리카미술	P. 윌레트 / 崔炳植	절판
47	美의 歷程	李澤厚 / 尹壽榮	28,000원
48	曼茶羅의 神들	立川武藏 / 金龜山	19,000원
49	朝鮮歲時記	洪錫謨 外/李錫浩	30,000원
50	하 상	蘇曉康 外 / 洪 熹	절판
51	武藝圖譜通志 實技解題	正 祖 / 沈雨晟·金光錫	15,000원
52	古文字學첫걸음	李學勤 / 河永三	14,000원
53	體育美學	胡小明 / 閔永淑	18,000원
54	아시아 美術의 再發見	崔炳植	9,000원
55	曆과 占의 科學	永田久 / 沈雨晟	14,000원
56	中國小學史	胡奇光 / 李宰碩	20,000원
57	中國甲骨學史	吳浩坤 外 / 梁東淑	35,000원
58	꿈의 철학	劉文英 / 河永三	22,000원
59	女神들의 인도	立川武藏 / 金龜山	19,000원
60	性의 역사	J. L. 플랑드렝 / 편집부	18,000원
61	쉬르섹슈얼리티	W. 챠드윅 / 편집부	10,000원
62	여성속담사전	宋在璇	18,000원
63	박재서희곡선	朴栽緖	10,000원
64	東北民族源流	孫進己 / 林東錫	13,000원
65	朝鮮巫俗의 硏究(상·하)	赤松智城·秋葉隆 / 沈雨晟	28,000원
66	中國文學 속의 孤獨感	斯波六郎 / 尹壽榮	8,000원
67	한국사회주의 연극운동사	李康列	8,000원
68	스포츠인류학	K. 블랑챠드 外 / 박기동 外	12,000원
69	리조복식도감	리팔찬	20,000원
70	娼 婦	A. 꼬르벵 / 李宗旼	22,000원
71	조선민요연구	高晶玉	30,000원
72	楚文化史	張正明 / 南宗鎭	26,000원
73	시간, 욕망, 그리고 공포	A. 코르뱅 / 변기찬	18,000원
74	本國劍	金光錫	40,000원
75	노트와 반노트	E. 이오네스코 / 박형섭	20,000원

【기 타】

■ 어린이 수묵화의 첫걸음(전6권)	趙 陽 / 편집부	각권 5,000원
■ 오늘 다 못다한 말은	이외수 편	7,000원
■ 오블라디 오블라다, 인생은 브래지어 위를 흐른다	무라카미 하루키 / 김난주	7,000원
■ 이젠 다시 유혹하지 않으련다	P. 쌍소 / 서민원	9,000원
■ 인생은 앞유리를 통해서 보라	B. 바게트 / 박해순	5,000원
■ 자기를 다스리는 지혜	한인숙 편저	10,000원
■ 천연기념물이 된 바보	최병식	7,800원
■ 原本 武藝圖譜通志	正祖 命撰	60,000원
■ 테오의 여행 (전5권)	C. 클레망 / 양영란	각권 6,000원
■ 한글 설원 (상·중·하)	임동석 옮김	각권 7,000원
■ 한글 안자춘추	임동석 옮김	8,000원
■ 한글 수신기 (상·하)	임동석 옮김	각권 8,000원

【만 화】

■ 동물학	C. 세르	14,000원
■ 블랙 유머와 흰 가운의 의료인들	C. 세르	14,000원
■ 비스 콩프리	C. 세르	14,000원
■ 세르(평전)	Y. 프레미옹 / 서민원	16,000원
■ 자가 수리공	C. 세르	14,000원
▨ 못말리는 제임스	M. 톤라 / 이영주	12,000원
▨ 레드와 로버	B. 바세트 / 이영주	12,000원
▨ 나탈리의 별난 세계 여행	S. 살마 / 서민원	각권 10,000원

【동문선 주네스】

■ 고독하지 않은 홀로되기	P. 들레름·M. 들레름 / 박정오	8,000원
■ 이젠 나도 느껴요!	이사벨 주니오 그림	14,000원
■ 이젠 나도 알아요!	도로테 드 몽프리드 그림	16,000원

【조병화 작품집】

■ 공존의 이유	제11시집	5,000원
■ 그리운 사람이 있다는 것은	제45시집	5,000원
■ 길	애송시모음집	10,000원
■ 개구리의 명상	제40시집	3,000원
■ 그리움	애송시화집	7,000원
■ 꿈	고희기념자선시집	10,000원
■ 넘을 수 없는 세월	제53시집	10,000원
■ 따뜻한 슬픔	제49시집	5,000원
■ 버리고 싶은 유산	제1시집	3,000원
■ 사랑의 노숙	애송시집	4,000원
■ 사랑의 여백	애송시화집	5,000원
■ 사랑이 가기 전에	제5시집	4,000원
■ 남은 세월의 이삭	제52시집	6,000원

東文選 現代新書 174

교육은 자기 교육이다

한스 게오르크 가다머

손승남 옮김

　30쪽 분량도 채 안 되는, 책이랄 것도 없는 이 작은 문건이 파문을 던진 것은 너무나 평범하면서도 핵심을 찌르는 통찰을 담고 있기 때문이다. 가다머는 "교육은 언제 시작되는가"라는 물음을 던지면서 이야기를 시작한다. "말을 배우기 이전에 이미 아기는 뭔가를 잡을 수 있다는 것에 대해 만족스러워하며 그때 최초의 행복감을 느끼고 있음을 알 수 있습니다. 여기서 아기는 집에 있는 것과 같은 편안함을 느낍니다. 그러나 아기들은 자기가 극복하기 힘든 낯선 환경에 처하면 심하게 울게 됩니다."

　'집에 있는 것과 같은 편안함과 낯선 환경의 도전'은 인간이 성장하는 매 단계에서도 반복된다는 것이 가다머의 주장이다. 그런 점에서 부모가 모두 직장에 나가서 아이들이 TV 앞에 방치되는 상황의 문제점을 지적한다. "대중매체가 인간 형성에 줄 수 있는 위험성을 우리는 결코 과소평가해서는 안 됩니다. 올바른 인간성을 길러주는 데 있어 자신의 고유한 판단력을 계발하고 실행하도록 가르치는 일만큼 중요한 것도 없습니다."

　외국어 학습도 예외는 아니다. "교재를 읽거나 쓰는 식의 외국어 습득은 정상적인 방법이 아닙니다. 정상적인 방법은 대화를 통해서입니다. 그래야 낯선 감을 느끼고 대화를 통해 극복함으로써 다시 '집에 있는 것과 같은 편안함'을 되찾게 되는 것입니다."

　이런 맥락에서 가다머는 교육은 교사가 학생들에게 어떤 결과물을 넣어주는 것이 아니라 "새로운 세대로 하여금 자기 활동을 통해 자신의 결함을 극복할 수 있도록 능력을 길러주는 일"이라고 정의한다.

東文選 文藝新書 292

교 육 론

장 피아제
이병애 옮김

　피아제의 관심은 지성이 어떻게 우리에게 생기는가이다. 그는 아이들에게 어떻게 인지 능력이 생겨나고, 지성이 발달하는지를 이해하고자 하였다. 그리하여 지성의 발달에는 단계가 있고, 가르침에 의해서보다 주체의 활동에 의해서 앎이 이루어진다는 것을 알았다. 따라서 학교에서 교사의 주입식 교육보다 학생의 능동적 참여를 강조하게 된다. 사실 피아제는 교육학자라기보다는 심리학자·인식론자·생물학자로서 많은 연구 업적을 쌓았다. 그러나 이러한 과학적인 발달 이론을 적용하여 효과적인 교육을 할 수 있다고 보았으므로 교육에 지속적인 관심을 갖고 있었다.

　아동 교육에서 선생의 역할은 무엇이며, 그 중요성은 어떠한가? 아동의 정신 안에 세계를 이해하게 할 도구나 방법을 형성해 주어야 하는가? 아동의 질문에 대답해 주어야 할까, 아니면 반대로 권위적인 방식으로 지식을 물어보아야 할까? 아동이 자기 것으로 만들 수 있도록 하려면 어떻게 활동을 제시해야 할까?
　교육 방법론, 교사의 역할, 아동의 자율성, 장 피아제는 일생 동안 이러한 주제들을 끊임없이 문제삼았다. 이 책이 말하고 있는 것은 그러한 것들이다. 이 책은 지금까지 일반인들에게 폭넓게 알려지지 않았던 텍스트들을 그 연속성 안에서 이해할 수 있게 해줄 것이다.

　아동 인지 발달 이론의 전문가인 장 피아제(1896-1980)는 20세기의 가장 위대한 심리학자라고 모든 사람이 생각하고 있다.